아우렐리우스
명상록

옮긴이 **함희준**
중앙대학교 영문학과 졸업
홍익대, 숭실대, 서경대에 출강.
저서로는 《대학 영작문》이 있으며,
역서로는 《제3의 물결》, 《철학이야기》, 《프랭클린 자서전》 등
다수가 있으며, 현재 자유기고가로 활동하고 있다.

아우렐리우스 명상록 너 자신에게

2013년 02월 10일 1판 1쇄 인쇄
2020년 01월 10일 1판 7쇄 펴냄

지은이 | M. 아우렐리우스
옮긴이 | 함희준
기 획 | 김종찬
발행인 | 김정재

펴낸곳 | 나래북 · 예림북
등록 | 제 410-313-251-2007-27호
주소 | 경기도 고양시 덕양구 지도로 92번길 55. 다동 201호
전화 | (031) 914-6147
팩스 | (031) 914-6148
이메일 | naraeyearim@naver.com

ISBN 978-89-94134-22-2 03810
* 잘못 만들어진 책은 구입하신 서점에서 교환해 드립니다.
* 값은 뒤 표지에 있습니다.

MARCUS AURELIUS
MEDITAIONS

아우렐리우스
명상록

M. 아우렐리우스 지음 | 함희준 옮김

나래북

쾌락을 추구하는 자는 선을 자기 관능에 맡긴다.'

*

인생의 경쟁에서 육체는 아직 살아 있는데
정신이 기절한다는 것은 정신의 수치이다.

*

영원한 시간과 우주 전체를 항상 관조하라. 모든 개개의 사물은 전체와 비교할 때 다만 모래알 하나에 불과하며, 영원한 시간에 비한다면 나사가 한 번 돌아갈 정도에 지나지 않는다.

서문

 장차 로마의 황제가 될 마르쿠스 안니우스 베루스(Marcus Annius Verus)는 하드리아누스 황제의 치세 중인 서기 121년 4월 26일에 태어났다. 그의 아버지 안니우스 베루스는 로마의 귀족이었다. 아버지와 이름이 같은 할아버지는 로마시의 장관이었고, 세 번이나 집정관을 지냈다. 그의 양친은 일찍 사망했다. 그의 아버지가 죽자 마르쿠스는 할아버지의 양자가 되었다. 그의 소년 시절은 행복했고 학문을 좋아했다. 태어날 때부터 허약했기 때문에 가장 유능한 가정교사들이 그를 돌보며 교육했다. 그들은 스토아 철학을 그에게 가르쳤다. 건강이 좋지 않았지만 그는 승마, 사냥, 레슬링, 그리고 다른 야외 경기들을 즐겼다. 그가 17세였을 때 황제 하드리아누스는 사망했고, 아우렐리우스 안토니누스(Aurelius Antoninus : 보통 Antoninus Pius라고 알려져 있다)에게 황제의 자리가 계승되었다. 그의 부인은 마르쿠스의 고모 파우스티나(Faustina)였다. 아들이 없었기 때문에 안토니누스는 그의 아내의 어린 조카를 양자로 들이고, 그의 이름을 마르쿠스 아우렐리우스 안토니누스(Marcus Aurelius Antoninus)로 바꾸고, 그를 그의 후계자로 지명하고, 그를 그의 딸 파우스티나(Faustina)와 약혼시켰다. 마르쿠스가 이 결혼에서 얻은 행복이 얼마만큼 되느냐는 것은 수수께끼로 남아 있다. 삼십 년 후에 그녀가 죽었을 때 마르쿠스가 그녀의 죽음을 매우 슬퍼했다는 것은 확실하다. 그녀는 마르쿠스의 아이를 다섯 낳았다. 마르쿠스는 그 아이들을 매우 좋아했다. 그러나 칭찬해 줄 만하지도 대견하지도 못한 코모두스(Commodus)만 남기고 죽음이 그들 모두를 잇따라 마르쿠스에게서 빼앗아갔다.

17세부터 40세까지 안토니누스 황제의 가장 가까운 동반자이자 동료로서 마르쿠스는 통치술을 배우고 장차 황제의 직무를 맡을 준비를 하고 있었다. 그 당시에 황제가 통치하는 지역은 서부유럽 전체, 동부유럽 전체, 북아프리카, 소아시아, 아르메니아, 그리고 시리아로 뻗어 있어서 광대했다. 이런 광대한 영토를 통치하는 무거운 짐의 대부분은 황제 한 사람에게 집중되어 있었다. 안토니누스 황제가 서기 161년에 죽었을 때, 그 무거운 짐은 마르쿠스에게 물려주어졌다. 원로원의 요구를 물리치고 그는 안토니누스 황제의 다른 또 하나의 양자인 루시우스 베루스(Lucius Verus)를 동료로 공동 황제의 자리에 오르게 했다. 로마 제국은 처음으로 두 공동 황제를 가졌다. 거의 그와 동시에 오랜 세월 동안 계속되어 온 로마 제국의 평온은 끝나가고 있었다. 전염병이 갑자기 일어나 서부유럽에 퍼져서 서부유럽은 비참했다. 마르쿠스가 황실의 보물을 팔아 굶주린 국민들을 구제해야 할 만큼 홍수로 엄청난 식량이 없어졌다. 게다가 흑사병이 퍼지고 기근이 들었다. 전쟁의 경보가 그를 괴롭혔다. 군대의 충돌로 평화는 깨졌다. 동쪽지방 국경에서 흉포한 마르코마니(Marcomanni) 종족, 콰디(Quadi) 종족, 그리고 사르마티(Sarmati) 종족들이 제국의 방어를 돌파하려고 국경으로 계속 밀어닥쳤다. 이런 위기에 마주쳐 마르쿠스는 서기 167년에 로마를 떠나 다뉴브강 지역에 주둔하고 있던 군단으로 가서 그 군단을 지휘했다.

서기 169년에 베루스가 죽었다. 그후 13년 간의 대부분을 마르쿠스 홀로 황제의 자리에 남아 있었다. 짧은 기간 동안 그는 아시아로 가 있었다. 왜냐하면 그곳 아르메니아와 메소포타미아 군대 사령관 아비디우스 카시우스(Avidius Cassius)가 반란을 일으키고 스스로 황제라고 선포했기 때문이었다. 마르쿠스는 병사들 앞에 나아가 그에게서 직접 대답을 듣고 싶다고 했다. 그가 황제가 되는 것이 국가와 국민을 위해 유익하다고 생각되면 자신은 기꺼이 싸우지 않고 카시우스에게 황제의 자리를 넘겨주겠다고 했다. 그는 우정을 배신한 카시우스를 용서할 작정이었다. 그러나 두 명의 장교가 카시우스를 살해했다. 그들이 그의 목을 잘라 그의 머리를 그에게 가져왔을 때 그는 싫어서 뒤로 물러서며 그것을 보지 않았다. 그렇지만 그는 다른 반란자들을 온화하게 대우해 주었다. 동방으로의 원정 동안에 그를 따라와 있던 아내 파우스티나가 죽었다. 마르쿠스는 다뉴브강 지역으로 돌아와 야만족을 물리치는 직무를 수행했다. 그 우울한 지역의 안개낀 습지와 갈대가 많은 섬들 사이에서 그는 그의 명상록을 쓰면서 외로운 시간과 타향살이를 달랬다. 그때까지 전투와 갈등의 고된 세월은 그의 정신을 고갈시켰다. 그는 인생에 싫증을 느꼈다. 결국 야영지에서 전염병이 그를 공격했을 때 그는 며칠 동안 질질 끌다가 치세 19년째인 서기 180년 3월 17일에 59세로 사망했다. 그의 마지막 말은 '나를 위해 울지 마라. 오히려 흑사병과 저 많은 사람들의 죽음을 생각하라'였다.

2

마르쿠스가 진정한 스토아학파의 철학자가 아니었다고 생각하는 것은 역설적인 것 같다. 그렇지만 그의 명상록은 제논이나 크리시푸스를 만족시키지 못했을 것이라는 특징을 보여주고 있다. 희망과 우울의 서로 다른 분위기, 마음에 들지 않는 동료를 만나는 것과 피를 보는 것을 민감하게 꺼리는 것, 억제를 하고 있지만 뚜렷하게 보여지는 동정과 애정을 열망하는 것, 이런 점들은 고대 스토아학파 철학의 특징이 아니다. 자만의 스토아학파 철학의 미덕 대신 그는 겸손의 기독교 미덕을 기대하는 것 같다. 그는 자제하기 위하여 되풀이하여 그의 노력을 기울이고, 본능과 감정을 억제하여 엄격하게 직무를 수행하려고 노력했다. 그가 끊임없이 자아 완성에 몰두하고 주관적인 실천 원칙과 도덕인 진부함을 개선하려고 되풀이해서 말하는 것은 어떤 독자에게는 싫은 인상을 줄지도 모른다. 그래서 마르쿠스를 헛소리하는 사람이며, 잔소리꾼이라고 비난하는 사람들도 있다. 이런 판단은 종교적인 기질의 본성을 이해하지 못한다는 것을 보여준다. 왜냐하면 사람이 진지하게 그의 종교를 받아들일 때, 미덕에 대한 양심적인 자기 음미와 열망은 그의 내적인 사고와 명상의 매우 큰 부분을 이루기 때문이다. 어쨌든 우리는 마르쿠스에게서 많은 도덕과 훈계를 발견한다. 우리는 철학자 황제가 자기 자신의 영혼과 은밀히 이야기하는 것을 귓전에 듣는다. 우리는 그가 사람인 어떤 방청자에게 한 번도 말하지 않고, 오직 자기 자신에게 말하고 있다는 것을 기억한다. 나는 우리가 검소하고, 겸손하고, 아주 진실한 사람과 얼굴을 마주보고 있다는 것을 본능이 우리에게 말해 준다고 생각한다.

내가 알고 있는 한, 그의 저작물을 편집하는 사람들 중 어느 누구도 알아채지 못했던 작지만 의미 깊은 하나의 사실은 그의 진실한 마음에서 우러나온 선량함이다. 그가 어떤 사람을 말하는 기회가 있을 때, 그는 결코 그의 이름을 밝히지 않는다. 큰 마음 먹고 좋지 않은 말을 할 때, 비밀의 베일이 그 사람을 가리킨다. 우리는 드러나지 않은 그 사람(He)이나 그들(They)이라는 신원만을 계속 듣게 된다. '제우스 신이여, 운명이여, 제가 가라고 명령을 받는 곳에는 어느 곳이든지, 나를 이끄소서. 저는 주저하지 않고 따라가겠습니다. 제가 비겁하게 되고 겁쟁이가 되더라도 저는 어느 쪽이든지 상관하지 않고 꼭 따라갈 것입니다.' 라고 한 에픽테토스의 기도는 마르쿠스의 인생에 대한 태도를 아주 적절하게 나타내주고 있다. 그의 성격의 상냥함과 우아함은 그의 온화한 염세관의 기미로도 줄어들지 않은 매력이 있다. 날 때부터 성인이자 현인이었고, 직업은 통치자이자 전사였고, 그가 서 있는 외로운 고지에서 그는 침착하게 환멸을 느끼는 눈으로 도덕성의 아쉬움을 심사숙고했다. 매듀 아놀드의 찬사를 인용하면, '그러므로 그는 얼굴로 처세하고, 신앙이 없고, 아직 확실한 미래도 없는 그런 시대에 여전히 양심적이고, 까다롭지만 마음이 깨끗하고, 향상하려고 하는 영혼을 가진 특별한 친구이자 위안자이다. 아마 그는 모든 사람들이 갈망하는 그런 영혼을 줄 수 없었을 것이다. 그러나 그는 사람들에게 많은 것을 주었다. 사람들은 그가 준 것을 받을 수 있다.' 라고 하였다. 사람의 선량함에 대한 눈물과 환희에 사람의 마음이 끌리는 한 마르쿠스 아우렐리우스의 명상록을 읽는 독자는 시대를 초월하여 계속 이어질 것이다.

명상록을 많은 사서가들은 관례적이고, 정확하게 철학의 항목으로 분류하고 있다. 그러나 독자가 고대세계에서 철학이 차지하고 있는 위치를 알지 못한다면, 이 사실은 독자에게 오해를 받을 수도 있을 것이다. 명상록의 20세기 해설자가 쓴 글을 읽고 독자는 명상록의 중요한 목표와 목적이 개인적인 미덕의 달성이라고 결론을 내릴 것 같지 않다. 독자는 이 점이 종교의 영역이지 철학의 영역이 아니라고 생각할 것이다. 그러나 고전주의 시대에는 사정이 달랐다. 도덕, 선한 생활, 신과 사람의 관계, 이 모든 것들은 철학의 영역이었고, 종교를 대표하는 성직자나 사제의 영역이 아니었다. 황제 시대에 로마의 종교는 도덕의 문제에 관심이 없었다. 로마 종교의 임무는 단순히 국가를 신이 보호해 주고, 신들의 불쾌함으로 생기는 재앙을 막게 하려는 기원에 적합한 의식을 거행하는 것이었다. 종교는 국가 임원이 국가 의식을 거행하는 국가의 의례 기관이었고, 사람의 영혼에 대한 회의와 문제에 대한 해결책을 마련해 주지 않았다. 그런데 지금처럼 사람들은 우리 모두의 공통된 관심인 큰 문제에 대해 당혹하게 되었다. 우리들을 둘러싸고 있는 이 우주의 구성은 무엇으로 되어 있는가? 어떻게 해서 우주는 생겨났는가? 우주는 맹목적인 우연으로 규제되는가? 지혜로운 신이 우주를 규제하는가? 신이 있다면 신은 죽을 수밖에 없는 인간에게 관심을 가지는가? 인간의 본성은 무엇이고, 이 세상에서 인간의 의무는 무엇인가? 장차 인간의 운명은 어떻게 될까? 이런 문제에 해답을 주는 사람은 성직자나 사제가 아니고 철학자였다. 그러나 철학자들의 해답은 일치하지 않았던 것이 사실이었다. 철학자들 사이에는 서로 경쟁적인 철학 체계가 있었다. 그 문제에 있어서 우리 시대의 서로 다른 여러 종교들이 하듯이 각각의 철학 체계가 각각 제 자신의 해답을 내놓았다. 그러나 형이상학, 신학, 윤리학 분야에서 권위를 가지고 선언할 수 있는 유일한 권한이 철학에 있다는 것에는 일치했다. 창조 이야기를 펼치고, 세계 질서 뒤에 있는 보이지 않는 권능을 규정하고, 인간 실존의 본질과 목적을 해설하고, 올바른 생활의 규칙을 규정하고, 무덤 뒤에 놓여 있는 미래를 나타내는 것은 정당하다고 생각되었다. 이와 같이 지상에서 인생 행로의 모든 단계에 대한 영혼의 지도자이며 안내자로서 우리 시대에 종교가 가지고 있는 위치를 그 당시에는 철학이 가지고 있었다. 그런 권리의 주장은 스토아철학에서 특별히 정당화되었다. 스토아철학은 어느 다른 고대철학 체계보다 더 종교적인 성격이 강한 특색을 지니고 있었다.

이런 철학으로 명상록을 쓴 사람은 종교가 의미할 수 있는 모든 것을 의미했다. 그의 철학은 추상적인 진리 추구가 아니었다. 그의 철학은 생활 규칙이었다.

3

마르쿠스가 가치를 인정했던 철학 체계인 스토아철학은 본래 중동 사상의 소산이다. 스토아철학은 약 기원전 300년에 사이프러스의 시티움 태생인 제논(Zenon)에 의해서 시작되었다. Stoic이란 명칭은 제논이 자주 강연을 했던 아테네의 Stoa란 곳의 이름에서 생겨났다. 제논의 우두머리 제자는 클레안테스(Cleanthes)였다. 그 다음에 크리시푸스(Chrysippus)가 그 뒤를 이었다. 이 세 사람의 계속된 노력으로 만물은 신의 속성과 인간의 속성을 지니고 있다는 것을 품고 있는 학설의 주요 내용을 이루어냈다. 이 세 사람은 스토아철학을(stoicism) 시작한 사람으로 존경을 받았다. 제논이 굳게 지키는 일정한 주장은 유물론(Materialism), 일원론(Monism), 그리고 변전(Mutation)이라는 세 개의 중요한 말이었다. 좀더 정확히 말하면, 그는 우주의 모든 것이 — 시간과 생각까지도 — 육체적인 물질의 어떤 성질을 가지고 있고(유물론), 우주의 모든 것이 최후에는 하나로 통합되는 원리로 돌아갈 수 있고(일원론), 우주의 모든 것이 영구히 변화의 과정에 있고 이전의 것과는 다른 어떤 것이 되어가고 있다(변전)고 주장했다. 이 세 가지 주장은 제논이 그의 전체 체계를 확립했던 기본 원리이다. 제논의 이 원리에 대한 강경한 주장은 가끔 분명히 변호하여 지켜낼 수 없는 다른 견해에 부딪치기도 했다. 그러나 그의 후계자에게 맡겨져서 창시자의 엄격한 주장은 보다 더 현실적으로 마음이 변하는 사상가에게 받아들일 수 있는 방법으로 조정되고 온화하게 되었다.

스토아철학이 동방에서 서방으로 전해져서 로마세계로 들어왔을 때, 스토아철학은 다른 국면을 나타냈다. 주목을 끌었던 것은 제논의 가르침에 들어 있는 도덕적인 요소들이었다. 그들의 실제에 소용이 닿는 가치는 빨리 인정을 받게 되었다. 대담하고, 이성적이고, 절제하는 도덕률, 그리고 올바르고 덕행 있는 태도, 자제, 단호하고 불굴의 정신, 격정에 시달리지 않는 도덕률은 놀랄 만하게 로마 사람들의 성질에 맞았다. 결국 스토아철학의 신망과 영향력은 공화 정치가 쇠퇴하고 원수 정치가 일어났던 세월을 통하여 커졌다. 마르쿠스 아우렐리우스가 황제의 자리에 앉았을 때, 스토아철학은 최고의 신망과 영향력을 가지고 있었다. 스토아철학은 로마 제국의 모든 중요 도시들에서 교육을 받은 남녀 사람들과 친숙해졌다.

스토아학파의 철학자들은 철학을 '지혜를 얻으려고 애쓰는 것'으로 정의했다. 지혜는 신의 속성과 인간의 속성을 가진 사물에 대한 지식으로 정의되었다. 스토아철학은 이 지식을 세 가지 부분인 논리(Logic), 물리(Physics), 그리고 윤리(Ethics)로 나누었다. 진리를 찾는 첫째 요소는 의심할 여지 없이 명백하고 정확한 사고이다. 그 사고 자체는 정확한 말의 사용과 전문 용어의 범위에 달려 있기 때문에 처음의 연구는 논리이다. 그 다음에 자연 현상의 조사와 자연 법칙이 연구된다. 스토아철학의 개요에서 물리는 세 겹의 표현으로 — 인간 그 자체, 인간을 둘러싸고 있는 창조된 우주, 그리고 신 — 존재의 완전한 연구를 포함했다. 마지막으로 윤리가 연구된다. 철학의 본분이기 때문에 모든 다른 연구가 집중되는 점이고, 이 점을 모든 다른 지식의 부분이 도와주는 것은 '인간의 올바른 행동'인데, 한 마디로 '미덕'으로 정의된다. 디오게네스가 말했듯이 스토아학파 철학자들은 철학을 살아 있는 동물과 비교했다. 동물의 뼈와 힘줄은 논리에 해당되고, 살의 육체는 윤리에 해당되고, 영혼은 물리에 해당된다고 그들은 생각했다. 다시 그들은 철학을 비옥한 밭에 비유했다. 논리는 밭을 둘러싸고 있는 울타리이고, 윤리는 그 밭이 맺는 농작물이고, 물리는 흙이라고 생각했다.

이 세 가지 주제들을 간단히 요약하여 마르쿠스의 생각을 이해하는데 도움이 되게 하고 싶었다. 그러나 스토아철학의 설명이 너무 많은 분량이 될 것 같아 스토아철학의 설명을 여기서 끝맺는다. 마르쿠스 아우렐리우스는 스토아학파의 철학자로 실제적인 도덕가였다. 그는 우주가 현명한 질서를 가지고 있고, 인간은 그 우주의 일부분이므로 자기 자신이 변화시킬 수 없는 원리에 순응해야 하고, 신을 위한 것 모두가 선이고, 인류 모두가 동포형제이고, 인간은 자신에게 해를 끼치는 자에게도 사랑을 베풀고 선으로 이끌어 나가야 한다고 생각했다. 이렇게 인간을 지도할 수 있는 것은 철학뿐이라고 그는 결론을 내렸다.

철학자가 되는 것은 사람 안에 있는 성스러운 영혼을 더럽히지 않고 상처 입히지 않고 보존한다. 그래서 철학은 모든 쾌락이나 모든 고통을 초월할 수 있고, 목적 없이 아무것도 관여하지 않고, 다른 사람의 행동이나 무위에 좌우되지 않고, 그것 자체와 똑같은 근원에서 생기는 각각의 일과 모든 할당된 일을 받아들이고, 살아 있는 사물이 구성되어진 요소들의 단순한 분해로 쾌히 죽음을 기다리게 된다. 죽음은 자연의 한 법일 뿐이다. 자연의 여러 방법들에는 악이 없다.

그러므로 사람의 생애에서 사람의 시간은 순간일 뿐이다. 사람의 본질은 그칠 새 없는 흐름이고, 사람의 감각은 흐릿한 불빛이고, 사람의 육체는 벌레의 먹이이고, 사람의 영혼은 소용돌이이고, 사람의 운명은 불분명한 것이다.

| 차례 |

서문 마르쿠스 아우렐리우스 안토니우스의
생애와 품고 있었던 생각 | 9
제1편 | 25
제2편 | 41
제3편 | 55
제4편 | 71
제5편 | 97
제6편 | 123
제7편 | 149
제8편 | 177
제9편 | 205
제10편 | 229
제11편 | 253
제12편 | 275
생애 마르쿠스 아우렐리우스가 한평생 지낸 일 | 293

처자를 사랑하지 않는 자는 집안에 암사자를 기르는 것이며,
슬픔의 둥지에 알을 깐다.
— 아우렐리우스

**MARCUS AURELIUS
MEDITAIONS**

제1편

1. 나는 할아버지 베루스로부터 다른 어느 것보다 먼저 예절바른 품행과 심기의 평온을 가져야 한다는 것을 배워 알았다.

2. 아버지에 대해 전해 들었던 것과 아버지에 대한 기억으로부터 나는 허식 없는 남성의 기품을 배웠다.

3. 나의 어머니는 나에게 효심과 아량의 모범, 사악함 — 행위뿐만 아니라 생각조차도 — 을 버려야 한다는 모범, 그리고 부자들의 일상 습관과 아주 다른 검소한 생활의 모범을 보여주셨다.

4. 증조할아버지에게서 나는 교육은 학교에서보다 가정에서 좋

은 선생님을 모셔다가 배울 것과 이 일에는 돈을 아끼지 않아야 한다는 조언의 은혜를 입었다.

5. 모든 경기장에서 녹색 편이든 청색 편[1]이든 어느 편에도, 또는 격투장에서 가볍고 둥근 방패를 든 검투사의 편이든 무겁고 직사각형 방패를 든[2] 검투사의 편이든 그 어느 편에도 나에게 편들지 않도록 한 사람은 나의 스승이었다. 스승은 노동하기를 주저하지 말고, 나의 욕구를 줄이고, 자신의 일을 직접 하고, 남의 일에 참견하지 말고, 험담에 귀기울이지 말라고 나에게 권해 주셨다.

6. 디오그네투스[3] 덕분에 나는 사소한 일에 정신을 쏟지 않고, 주술로 만사를 형통하게 한다는 주술사와 기적을 행하는 사람, 귀신 물리기, 그리고 그밖의 같은 것을 믿지 않고, 투계와 이와 같은 다른 오락들을 삼가고, 솔직한 말에 분개하지 않고, 바키우스를 비롯

---

[1] 로마의 원형 노천 대경기장에서 경쟁하는 전차를 모는 사람들의 옷 색. 이 경기에 대한 로마 사람들의 열광은 한이 없었다. 승리한 전차 조종자는 큰 행운을 얻고 대중의 우상이 되었다.
[2] 검투사 싸움의 한 형태에서 대항자들은 가볍고 둥근 방패로 무장되었다. 다른 형태의 싸움에서 그들은 무겁고 장방형 방패를 들고 있었다.
[3] 11살의 소년으로서 마르쿠스에게 처음으로 스토아철학을 알게 해준 선생으로 미술가이며 철학자. 마키우스, 탄다시스, 또한 마키아누스에 대해 아무것도 알려지지 않는다.
[4] 큐 주니우스 루스티쿠스(Q. Junius Rusticus),그는 법률 선생이며 마르쿠스의 친구였던 스토아철학 선생.

하여 탄다시스와 마키아누스로 계속 나아가 철학과 친해질 것이며, 어려서부터 글을 쓰는 법을 배울 것이며, 딱딱한 두꺼운 나무 판자와 짐승 가죽으로 된 초라한 침상과 그리스식의 단련 방법인 다른 엄격함을 즐기는 것을 배웠다.

7. 루스티쿠스⁴로부터 나는 나의 성격이 다듬어져야 하고 마음에 새겨두고 조심하는 것이 깊어져야 한다는 생각과 내가 추론적인 글을 쓰거나 장황한 훈계를 늘어놓거나 수양을 쌓은 인격자인 체 하려 들거나 이타주의자인 것처럼 과시하는 행위를 하는 일에 빠져들지 않아야 한다는 생각을 얻었다. 그는 역시 나에게 수사학, 시를 짓는 것과 같은 화려한 글을 쓰는 것, 집에서 정장을 차려입는 허례, 그리고 이와 같은 다른 일들을 삼가할 것을 가르쳐 주었고, 그가 시누에사에서 나의 어머니에게 보낸 편지처럼 부드러운 편지투를 본받을 것을 가르쳐 주었다. 홧김에 누군가가 나와 다툰 후에 다시 화해하고 싶은 기미를 보이면 나는 바로 화해해야 한다는 것을 그에게서 배웠다. 나는 역시 그에게서 독서를 정확하게 해야 하고, 그 의미를 대체로 이해하는 것으로 만족하지 않아야 하고, 수다스런 사람에게 성급하게 동의하지 않아야 한다는 것을 배웠다. 또한 나는 그를 통해서 에픽테토스의 논설을 알게 되었다. 그는 그의 장서 중에서 그것을 갖다 주었다.

8. 아폴리니우스[5]는 운에 의지하지 않고 스스로 해결해야 한다는 것과 잠시나마 결코 이성을 무시하지 않아야 한다는 것을 아주 깊이 느끼게 했다. 그는 심한 아픔의 발작, 나의 아들을 잃음, 그리고 만성병의 지루함을 한결같은 평정으로 대처해야 한다는 것도 나에게 가르쳐 주었다. 그분 자신은 가장 격렬한 행동력이 관대하게 하는 능력과 조화할 수 있는 살아 있는 증거였다. 그분의 설명은 명확함의 본보기였다. 그런데 그는 실제의 경험과 철학을 가르치는 재능을 그의 가장 보잘 것 없는 소양이라고 생각하는 사람이었다. 더욱이 내 자신의 자존심을 떨어뜨리지 않거나 무정한 무관심의 느낌을 주지 않고도 친구들의 외양만의 호의를 받아들이는 방법을 나에게 가르쳐 준 사람은 그 사람이었다.

9. 나는 섹스투스[6]에게서 온정, 아버지다운 권위로 가정을 다스

---

5 칼케돈에서 로마로 온 철학 선생. 처음으로 마르쿠스가 궁중으로 불러 왔을 때 선생님은 학생에게 찾아가지 않아야 하고, 학생은 선생님에게 찾아가야 한다고 그는 말했다고 한다.
6 보이오타에 있는 카에노네아 태생의 사람이며 푸르타크의 손자였다. 마르쿠스의 어릴 때 철학 선생.
7 보그리스 사람으로 유명한 학자. 문법학자로 알려져 있다.
8 마르쿠스 코넬리우스 프론토(M. Cornelius Fronto). 유명한 변호인이며 수사학 선생이고 연설자로서 키케로에게만 조금 떨어진다고 생각되었던 사람이다. 그는 장차 공동 황제가 될 마르쿠스 아우렐리우스와 루시우스 베루스의 교육을 맡았다. 두 사람에게 보낸 많은 편지와 많은 그들의 답장이 들어 있는 프론토의 서한집은 마르쿠스의 성격과 습관을 상당히 밝혀주고 있고, 그의 두 왕자 학생이 그들의 선생에게 갖고 있었던 애정을 드러내 보이고 있다.

리는 법, 타고난 수명의 실제적인 의미, 비이기적인 의식의 위엄, 친구들의 이익에 대한 직관적인 관심, 그리고 반거들충이들과 공상가들에 대한 온후한 인내를 가지는 것을 배우는 은혜를 받았다. 개인에 대한 그의 공손한 기질은 그와의 교제에 어떤 아첨보다 더 강력한 즐거움을 준다. 동시에 그 기질 때문에 그는 주변의 모든 사람들에게 굉장한 존경을 받았다. 근본적인 생활규칙을 결정하고 체계화하는 그의 방법은 조직적이고 아량이 있었으며 너그럽게 감싸 받아들이는 것이었다. 분노나 어떤 다른 감정의 기색을 결코 드러내지 않고 그는 아주 태연하면서 인정 많은 애정으로 가득 차 있었다. 그는 찬성을 언제나 조용하고 내색하지 않고 나타냈다.

10. 나에게 무익한 흠잡는 것을 경계시켜준 사람은 비평가 알렉산더[7]였다. 사람들은 틀린 문법, 천박한 말, 틀린 발음에 대해 호되게 지적받지 않아야 한다. 이를 테면 어떤 질문에 대한 자기의 대답이나 그들의 심정을 알고도 모르는 체 슬며시 동의해 주거나 화제 자체에 대한 호의적인 논의를 하는 것으로 그것을 재치있게 끌어들여 바른 표현을 암시하거나 다른 형태의 암시를 하는 것이 더 좋다.

11. 나의 좋은 지도교사 프론토[8]의 덕택으로 나는 악의, 교활함,

그리고 이중성들이 절대 권력에 따라붙는 것들이고 대개는 우리 귀족 가족들에게는 보통의 인간미라는 감정이 부족하거나 없다는 것을 깨달았다.

12. 플라톤학파 사람 알렉산더[9]는 꼭 필요한 경우가 아닌 때에는 말이나 편지에서 '나는 너무 바쁘다'라는 말을 자주 사용하지 말라고 주의를 주었으며, 아무도 급한 일을 구실삼아 당연히 사회에 해야 하는 의무를 회피하지 않아야 한다고 말했다.

13. 스토아학파의 철학자 카툴루스[10]는 이치에 맞지 않을 지라도 친구의 힐책을 결코 무시하지 마라, 그러나 그의 호의를 회복하도록 최선을 다하고, 우리가 도미티우스와 아테노도투스의 언행록에서 읽었던 것처럼 나의 스승들을 기꺼이 찬양하고, 나의 자녀들에게 진정한 애정을 길러 주라고 나에게 조언해 주었다.

---

9 174년에 아우렐리우스의 비서로 일했다.
10 키나 카툴루스(Cinna Catulus)는 철학 강의를 했던 철학자.
11 마르쿠스는 형제가 없었다. 이 말은 크라우디우스 세베루스(Claudius Severus : 그의 아들이 마르쿠스의 딸들 중 하나와 결혼했다.)에게는 농담이었을지도 모른다. 후에 그가 이 이름을 버렸지만 마르쿠스도 본래 이 이름으로 불려졌었다. 많은 편집자들은 베루스(Verus)라고 말하기를 더 좋아했다. 그 이름은 마르쿠스 자신과 같이 황제 안토니누스 피우스가 그의 양자로 입양한 루시우스 베루스의 이름이다.
12 크라우디우스 막시무스(Claudius Maximus)는 스토아학파의 철학자이고 마르쿠스의 찬탄을 받았다.

14. 나의 형 세베루스[11]에게서 나는 친척을 사랑하고, 진리를 사랑하고, 정의를 사랑할 것을 배웠다. 그를 통해서 나는 트라세아, 카토, 헬비디우스, 디온, 브루투스를 알게 되었고, 모든 사람이 평등하고 언론의 자유를 가진다는 것에 근거된 공동체와 국민의 자유를 근본적으로 인정하는데 관심을 갖는 군 주제의 개념을 충분히 알게 되었다. 그는 철학에 대한 공정하고 냉정한 평가, 선행에 열중, 너그러움, 명랑한 기질, 그리고 친구들의 애정에 대한 신뢰가 필요하다는 것들도 가르쳐 주었다. 나는 그가 비난하는 사람들에게 진심을 털어놓는 그의 솔직함, 그가 좋아하고 좋아하지 않는 것을 친구들에게 분명하고 솔직히 말하는 그의 태도를 기억하고 있다.

15. 막시무스[12]는 자제하고, 변하지 않는 목적을 가지고 있고, 건강하지 못하거나 다른 불행한 일들을 당해도 쾌활해 하는 사람에 대한 나의 본보기였다. 그의 성격은 감탄스러울 만큼 위엄과 매력이 조화되어 있었다. 그의 지위에 대한 모든 직무는 법석대지 않고 조용히 처리되었다. 그는 모든 사람들에게 그가 옳다고 믿는 대로 말하고 옳다고 판단한 대로 행동한다는 확신을 주었다. 그는 당황하거나 겁을 낼 줄 몰랐다. 그는 일을 결코 서두르지 않았고, 결코 미루지도 않았다. 그는 어찌해야 좋을지 난처해 하지 않았다. 그는

낙담하지도 억지로 쾌활해지려고도 하지 않았고, 그를 능가하는 어떤 힘에 대해 노여워하거나 질투하지 않았다. 그의 친절, 동정심, 그리고 성실 때문에 그의 정직은 교화되었다기보다는 타고난 것이라고 생각이 들게 했다. 아무도 그에게 멸시받았다고 생각하지 않았으나 아무도 그의 탁월함에 맞설 수 있다고 생각하지 않았다. 그는 유쾌한 익살 감각도 갖고 있었다.

16. 내가 아버지[13]에게서 감복했던 자질은 그의 인자함, 신중하게 생각한 후에 이루어진 결정을 바꾸지 않는 그의 단호함, 겉치레의 명예에 대한 철저한 무관심, 근면, 인내력, 공익을 위한 어떤 제의에도 기꺼이 귀를 기울이는 것, 포상이 공적에 따라야 한다는 한결같은 주장, 욕구를 억제하는 그의 노력들이었다.

그는 사교 생활에는 사교 생활의 당연한 권리가 있어야 한다는 것을 알고 있었다. 그의 친구들은 식사 때 반드시 그와 함께 식사를 하지 않아도 되었고, 여행을 할 때 반드시 그를 수행하지 않아도 되었다. 그들이 다른 약속 때문에 늦었을 때, 그것으로 그는 그들을 차별하지 않았다. 회의 중 그에게 제기되는 문제들은 성실하고 끈기 있게 검토되었다. 그는 언뜻 떠오른 생각에 만족하여 그

---

[13] 그의 친아버지 베루스가 아니고 그의 양아버지 황제 안토니누스 피우스(Antoninus Pius)를 말한다.

문제를 결코 간단히 처리하지 않았다. 그의 우정은 끊임없이 계속되었다. 그 우정은 변덕스럽지 않았다. 그 우정은 엉뚱하지 않았다. 그는 언제나 일을 당하여 흔들리지 않았으며 쾌활했으며 처리할 모든 일들을 매우 작은 일까지 겸손하고 완벽하게 수행할 만큼 현명했다. 그는 제국에 필요한 것들을 정신을 모아 늘 살피며 제국의 자원을 총명하게 보존하고 일어나는 여러 가지 비평을 지그시 참아냈다. 신에 대해서 그는 미신적이지 않았다. 동포에 대해서는 그는 인기를 얻거나 대중들에게 비위를 맞추려고 결코 비열한 행동을 하지 않았다. 그러나 그는 침착하고 확고했고, 겉만 번지르하거나 새로운 유행을 따르는 기미가 있는 것은 어떤 것이든 멸시했다. 그는 흐뭇하게 만족하지 않았지만 거리낌 없이 마음대로 쓸 수 있는 큰 재산을 받아들였다. 그 재산이 그의 수중에 있을 때 그는 솔직히 말해서 그것을 이용한다. 그러나 그 재산이 수중에 없을 때 그는 아쉬워하지도 않았다.

궤변가의 궤변, 비굴한 추종자의 주제넘은 행동, 공론가의 세심함이 전혀 없다고 그는 비난을 받지 않았다. 모든 사람들은 그를 완숙하고 완성된 인격자라고 알아보고 아첨에 개의치 않고 자기 자신과 다른 사람의 일을 완전히 처리할 수 있다고 인정했다. 더욱이 그는 참된 철학자를 매우 존중했다. 그밖의 철학자들을 비평하는 것을 삼가했을지라도 그는 그들의 교시를 따르지 않는 편이 좋다고 생각했다. 사람들 앞에 나가면 그는 붙임성이 있었고 비위에 거슬리지 않고 공손했다. 그가 그의 몸을 돌보는 것은 지당한 것이었다. 그런데 신체의 생존을 연장하거나 신체의 외모를 꾸며보려는 강렬한 갈망은 없었다. 그렇지만 그는 그런 것에 전혀 무관심하지도 않았고, 실제로 그가 좀처럼 의료 치료나 약, 또는 도포약이 필요 없을 만큼 성공적으로 스스로를 돌보았다. 연설, 법률, 윤리학에서 어떤 다른 부분에서든 두드러진 재능이 있는 사람을 그는 재빨리 알아보고 전혀 시기심 없이 각자를 그 자신의 분야에서 명성을 얻을 수 있는 기회를 주려고 애썼다. 그의 모든 행동은 합법적인 관례의 점에 따랐을지라도 그는 결코 이런 것을 일반사람들이 알아주기를 바라고 그의 방식을 버리지 않았다. 또 한편, 그는 불안정과 변화를 좋아하지 않았고, 같은 장소에 머물면서 같은 일에 몰두하는 것을 좋아했다. 매우 심한 편두통이 발작한 후에 그는 한결 더 힘차고 완벽한 통제력으로 다시 그의 일상 직무를 즉각 수행했다. 그의 비밀과 기밀서류들은 많지 않았다. 많지도 않고 드문 비밀의 항목은 오르지 국가 문제들에 관련된 것이었다. 그는 초대형 전시회, 공공건물의 건축, 보조금의 분배 등등을 분별력 있고 신중하게 처리했고 언제나 사람들의 박수갈채를 받는 것보다 조치 자체의 필요성을 생각했다. 그는 형편이 좋지 않을 때 목욕을 하지 않았다. 그는 집짓는 재미를 느끼지 못했다. 그는 그가 먹었던 음식, 그가 입었던 의복의 재단과 색상, 또는 주위 사람들의 생김새들을 전혀 마음에 두지 않았다. 그의 의복들은 로리움에 있는 그의 대저택에 보내졌고, 일상용품 대부분은 라누비움에서 보내왔다. 그의 유명한 투스쿠룸에서 사죄하는 관리인 처리는 그의 전형적인 처신이었다. 왜냐하면 사납거나 거친 것 같은 무례한 언행은 그의 천성에는 맞지 않았기 때문이었다. 흔히 말하는 것처럼 그는 과격해져서 땀을 흘리는 일이 없었다. 시간을 들여서 침착하게, 질서정연하게, 단호하게, 그리고 끈질기게 모든 사건을 분석하고 고찰하는 것이 그의 습관이었다. 대부분의 사람들이 그들의 과격으로 올바른 판단을 할 수 없는 것과 같이 약함으로 거절할 수 없는 향락에 몰두할 수도 있고 향락을 버릴 수도 있었다는 소크라테스에 관한 이야기는 그에게도 마찬가지였다. 막시무스가 병석에서 보여주었던 바와 같이 마음대로 자제할 수 있고 용인할 수도 있을 만큼 강한 것은 완전하고 굽힐 줄 모르는 정신을 입증한다.

17. 신들께 나는 훌륭한 조부모, 훌륭한 부모, 훌륭한 누이, 훌륭한 스승, 훌륭한 동지, 훌륭한 친척, 훌륭한 친구 등등 좋은 것들을 거의 남김없이 갖게 해주신 것을, 그런 분들의 어떤 것을 정면으로 매우 잘 몰아붙일 수 있는 성격임에도 불구하고 그분들의 어느 누구와도 결코 사이가 틀어지지 않고, 운좋게 시험받을 환경에 놓이

지 않게 해주신 것을 감사드린다. 신들께 나는 내가 할아버지의 후처들에게 오랫동안 양육되지 않아서 나의 순결이 간직되었고, 청년이 되려고 조바심내지도 않았지만 신중한 성장에 만족했던 것도 감사드린다. 또한 나는 황제인 아버지 밑에서 내가 자만심을 고쳤으며, 궁중에서 생활이 황족의 호위병 없이, 신분에 따른 옷을 입지 않고, 조명, 동상, 그와 같은 외관의 호화스러움 없이 생활할 수 있지만, 나라에 관한 일에서 지도력을 필요로 할 때 사람의 생활 방식이 위신과 권위를 잃지 않고도 거의 국민 한 개인의 생활로 바꿀 수 있다는 사실을 깨닫게 해준 것을 신께 감사드린다. 또한 신들은 나에게 천성이 내 자신의 자기 수양에 대해 끊이지 않고 따지고 드는 동시에 공경하는 애정이 나의 마음을 따뜻하게 하는 동생 하나[14]를 주셨고 지적으로 성장이 저지되지 않고 신체적으로 보기 흉하게 되지도 않은 자녀들을 주셨다. 당연히 나의 시간을 빼앗을지도 모르는 수사학, 시, 그리고 그밖의 학문에 내가 숙달하는 것을 일정한 한도를 넘지 못하게 한 사람은 신들이었다. 전진했더라면 나는 아마 무난히 그것들에서 진보했을 것이다. 나의 스승들이 젊다는 구실로 나중에 진출할 수 있다는 가망 때문에 그들을 미루

---

14 이 사람은 루시우스 케이오니우스 코모도스이다. 후에 루시우스 베루스로 알려졌다. 그는 마르쿠스와 함께 안토니누스 피우스의 양자가 되었다. 그는 공동 황제로서 마르쿠스에게 협력했다. 원래 용감하고 재능 있는 사람이었으나 허약하고 병으로 쇠퇴했다.

는 대신에 나는 그들을 기회가 있는 대로 그들이 마음에 품고 있다고 생각되는 지위와 신분으로 올려 주도록 했다. 신들에게 나는 내가 아폴로니우스, 루스티쿠스, 그리고 막시무스와 알게 해주신 것을 감사드린다. 나는 신들께 수명의 정확한 참뜻을 생생하고 정기적으로 되풀이하여 꿰뚫어볼 수 있게 해주신 것을 감사드린다. 실제로 그들로서는 내가 받은 은혜, 도움, 그리고 영감은 나의 실패를 중지시키고 이유 없이 타고난 수명에 이르게 한다. 내가 아직도 그 목적을 이루지 못하고 있다면, 그 실패는 내가 위로부터 받았던 생각나게 하는 가르침 — 아니, 실질적인 지시 — 에 주의하지 않은 나의 잘못이다.

나의 신체가 이런 생활방식으로 오랫 동안 살아온 것은 신들에게 기인한 것으로 여겨져야 한다. 나는 결코 베네틱타나 테오도투스에 얽혀 들지 않았고, 다음에 계속 일어나는 다른 일에 마음의 상처를 입지 않은 채 빠져 나왔다. 루스티쿠와 나는 자주 불화가 있었지만 결코 후회할 일을 저지른 적이 없었다. 어머님이 젊어서 돌아가셨는데 돌아가시기 전 마지막 몇 년 동안은 나와 함께 지내셨다. 더군다나 이따금 내가 빈곤이나 고난에 놓여 있는 사람을 도와주겠다고 생각했을 때 나에게는 도와줄 수 있는 방법이 있었다. 나 자신은 다른 사람에게서 같은 도움을 요청할 필요가 없었다. 나는 온순하고, 애정 깊고, 소박한 아내를 갖게 된 것에, 내 자녀들에게 유능한 선생님들을 모시는 일에, 카이에타와 크리샤에서 일어났던 것처럼 나에게 꿈으로 여러 가지 치료법을 지시한 것에 — 각혈과 현기증의 경우에 — 신에게 감사드린다. 마지막으로 내가 철학에 열중할 때 나는 어떤 궤변가의 희생이 되지 않고 교본과 논리의 규칙을 숙독하면서 책상에서 나의 모든 시간을 낭비하지 않고 자연과학에 몰두하지 않게 보호를 받았다.

모든 이런 좋은 일들을 위해서 '사람은 신과 운명의 도움을 받아야 한다.'[15]

그라누아 강[16] 기슭, 콰디족[17] 마을에서.

---

15 분명히 인용된 것이다. 그러나 그것의 근원이 밝혀지지 않는다.
16 도나우 강으로 흘러들어가는 Grun강을 말하는 것 같다.
17 현재 체코슬로바키아에 살고 있는 게르만족의 일부.

MARCUS AURELIUS
MEDITAIONS

제 2 편

1. 당신 자신에게 다음과 같이 말하는 것으로 하루 하루를 시작하라. 오늘 나는 훼방을 받고, 배은망덕을 당하고, 오만무례함을 당하고, 불충을 당하고, 악의를 겪고, 그리고 이기심을 겪게 될 것이다. 무례한 자들이 선이나 악이 무엇인지를 모르기 때문에 이 모든 일들은 일어난다. 나는 선의 본질과 선의 고귀성, 악의 본질과 악의 비열함을 안 지 오래이고, 범죄자 자신의 본성도 알고 있다. 그런데 그 범죄자는 나의 형제(신체적인 의미에서가 아니라 같은 이성과 신성의 일부를 타고난 같은 인간이라는 의미로서)이다. 그러므로 아무도 추악한 짓을 하는 일에 나를 연루시킬 수 없었기 때문에 이런 일들의 어떤 것도 나를 해칠 수 없다. 나는 나의 형제에게 화를 낼 수도 형제와 다툴 수도 없다. 그와 나는 한 사람의 두

손, 두 발, 또는 두 눈꺼풀과 같이, 또한 윗니 아랫니와 같이 서로 함께 일해야만 하도록 태어났기 때문에 서로 방해하는 것은 자연의 법칙에 어긋나는 것이다 — 그런데 화를 내는 것이나 싫어하고 미워하는 것이 일종의 방해 행위가 아니면 무엇이란 말인가?

2. 작은 육체, 적은 호흡, 그리고 모든 것을 지배하는 이성, 이것들은 바로 나 자신이다.(책을 잊어버려라. 더 이상 그것을 열망하지 마라. 그것은 당신의 소양※※의 일부분이 아니다.) 이미 죽음에 이른 사람처럼 첫 번째 것 — 육체의 끈적이는 피, 육체의 뼈, 육체의 신경과 정맥과 동맥의 망상조직 — 을 아무렇지 않게 생각하라. 호흡도 그렇게 생각하라. 호흡은 무엇인가? 그것은 한번 내품는 숨이다. 그 숨은 언제나 한결같지 않지만 순간마다 내쉬고 다시 들이마신다. 그런데 세 번째 것인 이성은 주인이다 — 당신은 이것에 주의를 집중해야한다. 이제 당신의 머리털은 백발이 되었으니 꼭 두각시처럼 자기 이익의 모든 당기는 힘을 와락 잡아당기면서 더 이상 이성이 노예의 역할을 하지 않도록 하라. 늘 오늘을 불평하거나 내일을 한탄하면서 운명을 못마땅하게 생각하지 마라.

3. 모든 신의 섭리는 신에 의해 고루 미치어진다. 우연의 변덕조차도 자연의 계획 안에, 다시 말하여, 복잡하게 얽힌 신의 법령 안

에 자리를 차지하고 있다. 신의 섭리는 만물이 나오는 근원이다. 필연과 우주의 복지는 그 근원과 연결되어져 있다. 당신 자신은 우주의 일부분이다. 세계의 본성에 의해 할당되거나 생존을 유지하는 것을 도와주는 것인 자연의 여러 부분들 중 어느 하나는 선이다. 더욱이 전 세계의 현존을 유지시키는 것은 변화이다. 그 변화는 기본 요소들의 변화뿐만 아니고 요소들이 구성하는 더 큰 구성물들의 변화이다. 내용은 이런 생각들에 기초를 두고 늘 그 생각들을 원칙으로 삼고 있다. 책에 대한 당신의 갈망을 잊어라. 그래서 당신의 죽음이 올 때 당신은 불평할 것이 아니라 쾌히 그리고 진심으로 신들에게 진실한 감사를 드리는 마음으로 죽음에 직면하는 것이 좋다.

4. 당신이 여러 해 동안 지체해 온 것을 생각하라. 얼마나 자주 신들이 당신에게 은총의 기간을 더 많이 주었으며, 당신이 그 은총을 이용하지 못했다는 것을 생각해 보라. 이제 당신이 살고 있는 우주의 본질과 당신이 그의 자손인 지배자의 본질을 깨닫고, 당신의 시간이 한정된 시간을 지나고 있다는 것을 알아야 하는 때이다. 그래서 이 시간을 이용하여 당신의 교화를 촉진시켜라. 그렇지 않으면 시간은 가버릴 것이고, 다시 당신의 힘이 미치는 범위 안에 결코 들어오지 않을 것이다.

5. 때때로 한 로마 사람으로서, 한 남자로서 올바르고 꾸밈없는 권위, 박애, 자주, 그리고 정의로운 손에 들어오는 것을 행하겠다고 확고히 결의하라. 당신의 마음을 다른 모든 생각에서 해방시켜라. 당신이 최후인 것처럼 당신이 모든 행동을 시작한다면 변덕스러운 생각, 이성의 명령에 대한 감정적인 반동, 감동을 일으키려는 욕망, 자기 자신에 대한 칭찬, 당신의 운명에 대한 불만을 버리고 당신은 그렇게 할 수 있다. 조용히 그리고 경건하게 흘러가는 생애 동안에 사람이 알아야 할 것이 얼마나 적은가를 알도록 하라. 사람은 이런 몇 가지를 권고해야 한다. 그러면 신들은 더 이상 아무것도 요구하지 않을 것이다.

6. 오, 나의 영혼이여! 그대는 그대 자신에게 과오를 범하고 있다. 어이없이 그대는 그대 자신을 바르게 대접해 줄 시간을 더 이상 가지지 못할 것이다. 사람은 단 한 번의 생애를 가진다. 이미 그대의 생애는 종말에 다가가고 있다. 아직도 그대는 그대 자신의 영예를 안중에 두지 않으면서 그대의 행복을 다른 사람들의 영혼[1]에 맡기고 있다.

7. 당신은 외부의 걱정거리로 혼란스러운가? 그때에는 조용한

---

[1] 다시 말하여 다른 사람들이 당신의 행동을 인정하거나 비난하는 것에 따라서.

공간을 가져라. 그곳에서 당신은 선^善에 대한 당신의 초조하고 불안한 마음을 억제하는 것을 배울 수 있다. 다른 잘못도 일어나지 않도록 주의하라. 많은 일로 생애를 지치게 하면서도 모든 노력, 아니 모든 생각이 집중되어지는 어떤 목적이 없는 사람들의 어리석음이 일어나지 않도록 주의하라.

8. 당신은 다른 사람의 마음에 무슨 일이 일어나고 있는지를 모른다고 하여 불행을 당한 사람을 쉽사리 찾아볼 수 없을 것이다. 그러나 자기 자신의 마음의 움직임에 주의하지 않는 사람들은 반드시 불행해진다.

9. 세계의 본성이 무엇이며, 내 자신의 본성이 무엇이며, 그리고 어떻게 전자는 후자에 대해서 관계를 가지고 있는가 — 매우 광대한 전체의 매우 작은 파편에 지나지 않음 — 를 언제나 기억하고, 아무도 모든 말과 행동을 당신이 한 부분인 그 본성에 따르지 못하게 방해할 수 없다는 것을 명심하라.

10. 테오프라스투스가 죄악을 비교할 때 — 그것들이 일반적으로 비교되어질 수 있다고 인정되는 한에서 — 그는 욕망의 죄악들이 격정의 죄악들보다 더 비난받아야 하는 것이라는 철학의 진리

를 긍정한다. 어떻든 이성으로부터 격정의 급변은 어느 정도 불쾌함, 더욱이 반쯤 거북스러움을 가져올 것이라고 생각된다. 그런데 쾌락이 우위를 차지하는 욕망의 죄악들은 한층 더 방종하고 여자다운 성향을 보인다. 그때 체험도 철학도 쾌락을 위해 범해진 죄악은 고통으로 인해 범해진 죄악보다 더 침통한 견책을 받을 만하다. 전자의 경우에 범죄자는 통제력 상실로 부추겨서 범하게 된 사람과 같다. 후자의 경우에 그의 욕망을 만족시키려는 열망이 그에게 자신의 결단력에 대해 잘못을 저지르게 한다.

11. 당신이 행동하거나 말하거나 생각하는 모든 것에서 어느 때든 생활에서 물러나는 권능은 당신의 생각대로라는 것을 기억하라. 신들이 존재한다면, 당신에게 인류를 작별하고 떠나가는 것을 두려워할 아무것도 없다. 왜냐하면 신들은 당신이 불행을 겪지 않게 할 것이기 때문이다. 그러나 신들이 없거나 신들이 인간의 일에 관심이 없다면 신들이 전혀 없거나 섭리가 전혀 없는 세계에서 생존은 나에게 무엇인가? 그러나 신들은 존재하고 인간의 세계에 관계한다. 신들은 절대적 악들 중 어느 것에도 빠지지 않도록 우리에게 충분한 능력을 주었다. 생존의 다른 체험에서 실제의 죄가 있다면, 신들은 그것에 대해서도 대비해 주실 것이다. 그래서 죄를 피하는 길은 모든 사람의 능력에 있다. 그러나 일이나 사물이 사람

자체를 나쁘게 만들지 않으면 어떻게 그 일이나 사물이 그 사람이 살고 있는 생애를 나쁘게 만들 수 있겠는가? 세계의 본성은 이런 종류의 위험을 못보고 넘길 만큼 무지할 수도 없고, 알고 있다면 보호 장치나 구제책을 고안해낼 수도 없는 것도 아닐 것이다. 본성은 선과 악이 다같이 덕행과 죄악에 분별없이 찾아오게 하는 실수를 저지를 만큼 능력의 부족도 기능의 부족도 있을 수없다. 그런데도 사는 것과 죽는 것, 명예와 불명예, 고통과 즐거움, 그리고 부와 빈곤 등등은 동등하게 선한 사람과 악한 사람의 운이 된다. 이와 같은 일들은 더 좋게도 더 나쁘게도 만들지 못하는 것이다. 그러므로 이런 것들은 선도, 악도 아니다.

12. 우리의 정신 능력은 우리가 만물이 사라지는 신속함을 인식할 수 있게 해야 한다. 그것들의 육체는 우주의 세계 속으로, 그것들의 기억은 시간의 세계 속으로 사라진다. 우리들은 모든 감각 대상의 본질 — 특히 쾌락으로 우리들을 유혹하거나 고통으로 우리들을 두려워하게 하거나 허영심의 음성으로 우리들을 소란스럽게 하는 그런 것 — 그것들의 비천함과 비열함, 그것들이 얼마나 천하고, 그것들이 얼마나 빨리 쇠퇴하는가를 관찰해야 한다. 우리들은 말과 의견이 명성을 증여하는 사람들의 참된 가치를 분별해야 한다. 우리들은 죽음의 본질도 이해해야 한다. 그런데 다만 죽음의

본질이 견실하게 관찰되어진다면, 우리들이 죽음의 본질과 관련시키는 환상들이 정신적으로 자세히 분석되어진다면, 죽음의 본질은 자연의 한 과정으로서 곧 생각되어지게 될 일이다(그리고 어린아이들만이 자연의 한 과정에 놀란다). — 더 정확히 죽음의 본질은 단순히 자연의 한 과정 이상의 것, 자연의 복지에 적극적인 기여이다. 또한 우리들은 사람이 신과 어떻게 접촉하는가, 이 접촉이 사람 자신의 어떤 부분으로 유지되어지고, 그 부분은 죽음의 본질이 제거된 후에 현세에서 어떻게 지내는가를 배울 수 있다.

13. 일찍이 안에 있는 성스러운 영혼을 고수하여 그 영혼을 충실히 섬기는 것이 필요한 전부라는 것을 알지 못하고 만물을 맴돌고, 시인의 말처럼 땅 속 깊은 곳을 탐사하고 다른 사람들의 영혼의 신비를 호기심을 가지고 응시하는 것보다 더 우울한 것은 아무것도 없다. 그런 섬김은 격정에서, 맹목적 에서, 신들이나 사람들의 일에 대한 불만에서 영혼을 순수하게 유지하게 한다. 신이 하는 일은 그 탁월성 때문에 우리들의 존경을 받을 만하고, 인간이 하는 일은 형제 사이의 정을 위해 호의를 받을 만하고 때로는 선과 악에 대한 사람들의 무지 때문에 — 흑백을 가릴 수 없는 것 같이 기능을 상실할 정도의 큰 손해를 주는 정신적 결점 때문에 — 아마 우리들의 동정을 받을 만할지도 모른다.

14. 당신이 삼천 년이나 삼만 년까지 산다 해도 사람이 잃을 수 있는 유일한 생명은 사람이 바로 지금 살고 있는 생명이라는 것을 기억하라. 더욱이 사람이 지금 잃은 생명이외의 다른 생명을 가질 수 없다는 것을 기억하라. 이 말은 가장 긴 생명과 가장 짧은 생명이 결국 같은 것이라는 것을 의미한다. 왜냐하면 지나가는 순간이 모든 사람의 동등한 소유이기 때문이지만 일단 지나가버린 것은 우리들의 것이 아니기 때문이다. 그러므로 아무도 이미 지나가버린 것, 아직도 오고 있는 것도 잃어버릴 수 없다. 우리가 잃은 것은 빨리 지나가는 한순간에 한정된다 — 사람이 가지고 있지 않는 것을 빼앗길 수 있겠는가? 그러므로 두 가지가 명심되어야 한다. 첫째는 시간의 시작 이후로 천지만물의 모든 순환이 동일한 회기 형태를 보이므로 당신이 백 년 동안이든 이백 년 동안, 또는 영원히 동일한 광경을 본다하더라도 천지만물에는 서로 다른 점이 생길 수 없다는 것이다. 둘째는 우리들 중 가장 오래 산 사람과 짧게 산 사람이 죽었을 때 그들의 죽음은 정확히 말해서 동등하다는 것이다. 왜냐하면 어느 사람이든 빼앗길 수 있는 유일한 것은 현재이기 때문이다. 이것은 그가 갖고 있는 전부이다. 그런데 아무도 그의 것이 아닌 것은 잃어버릴 수 없다.

15. 모든 일들이 모든 일들에 대해서 가지는 견해로 결정되어진

다는 견유학파 모니무스가 한 말에 대해 분명한 반론이 있다. 그러나 그 말이 진리를 속에 담고 있는 한 우리가 그 말의 실질을 인정한다면 그의 경구(驚句)의 가치는 분명하게 된다.

16. 인간의 영혼에 대해 스스로 끌어들인 사악들 중 가장 큰 것은 그것 자체(그것이 그렇게 할 수 있는 한)를 일종의 종창(腫脹, 염증이나 종양)으로 만들거나 우주에 종기(腫氣, 곪아 고름이 생기는 병)를 만드는 것이다. 왜냐하면 환경과 다투는 것은 언제나 자연에 대한 배반이기 때문인데 자연은 각 개인 부분의 본성을 포함하고 있기 때문이기도 하다. 다시, 또 하나의 사악은 사람들이 화났을 때 행동하는 것처럼 같은 인간을 물리치거나 악의적인 의도로 그에게 적대하는 것이다. 세 번째는 쾌락이 고통에 굴복하는 것이다. 네 번째는 말이나 행동에서 위선이나 허위를 숨기는 것과 보이려는 것이다. 다섯 번째는 영혼이 이렇다 할 목적 없는 곳으로 그것의 행동과 노력을 돌려서 목적 없이, 합당한 생각 없이 그것의 활력들을 낭비하는 것이다. 왜냐하면 우리의 활동 중 최소의 것까지도 어떤 목적을 가져야 하기 때문이다. 따라서 이성을 가진 피조물에게는 그 목적은 최초의 도시와 국가의 이성과 법에 일치하는 것이다.

17. 사람의 생애에서 사람의 시간은 순간일 뿐이고, 사람의 본질

은 그칠 새 없는 흐름이고, 사람의 감각은 흐릿한 불빛이고, 사람의 육체는 벌레의 먹이고, 사람의 영혼은 떠들썩한 소용돌이이고, 사람의 운명은 불분명하고, 사람의 명성은 불확실하다. 요약해서 말하면 육체에 속하는 모든 것은 흐르는 물과 같은 것이고, 영혼에 속하는 모든 것은 꿈과 수증기와 같은 것이다. 생활은 전투이며 이 국땅에서 잠시 머무는 것이다. 명성 다음에는 망각이 있다. 그렇다면 사람은 그의 걸음을 인도하고 보호하는 능력을 어디에서 찾을 수 있을까? 단 한 가지 일에 그리고 오직 하나, 그것은 철학이다. 철학자가 되는 것은 사람 안에 있는 성스러운 영혼을 더럽혀지지 않고 상처 입히지 않은 채로 보존하는 것이다. 그래서 철학은 모든 쾌락과 모든 고통을 초월할 수 있고, 목적 없이 아무것에도 관여하지 않고 허위나 위선으로 아무것도 하지 않고 다른 사람의 행동이나 무위無爲에 좌우되지 않고, 그것 자체와 똑같은 근원에서 생기는 각각의 일과 모든 할당된 일을 받아들이고, 최후로 각각의 살아 있는 사물이 구성되어진 요소들의 단순한 분해로서 쾌히 죽음을 기다린다. 이런 요소 자체가 끊임없는 형성과 재형성에서 아무런 손상을 받지 않는다면, 왜 전체의 변화와 분해를 방관하는가? 죽음은 자연의 방법일 뿐이다. 자연의 여러 방법들에는 발견되어질 악이 없다.

평탄한 길에서도 넘어질 때가 있다.
인간의 운명도 그런 것이다. 신 이외에 아무도 진실을 알 수 없다.
― 체호프 / 러시아의 작가

MARCUS AURELIUS
MEDITAIONS
제3편

1. 우리들이 두루 생각해 보아야 하는 것은 아직 살아남아서 생명이 늘 위축되고 있으면서 날마다 닳아 줄어들고 있다는 것만은 아니다. 왜냐하면 어떤 사람의 연령이 연장되어진다고 하더라도 사람의 정신이 계속 본분을 납득하는 능력을 유지할지 어떤지 의심스럽다는 것을 우리들이 고려해 보아야 하기 때문이거나 관조적인 노력이 신과 인간의 일들을 파악해야 하기 때문이다. 고령의 시작은 호흡이나 소화 능력, 감각, 충동 등등의 손실에 아무런 영향을 미치지 않을지도 모른다. 그렇지만 사람의 기능을 충분히 사용할 수 있고, 본분의 필요들을 정확히 평가하고, 일어나는 온갖 문제들을 조정하고, 이 세상에서 그의 수명이 끝나는 때가 되었는지 어떤지를 판단하는 능력은 또는 경험을 쌓은 지력의 활용을 필요

로 하는 능력은 이미 쇠퇴하기 시작한다. 그런 때에 우리들은 서둘러 재촉해야 한다. 시간마다 우리가 죽음에 더 가까워지기 때문만은 아니고 그때보다 이전까지도 우리의 지각과 이해 능력이 저하가 시작하기 때문이다.

우리가 말해야 하는 또 하나의 사실은 자연 과정의 부수적인 일에도 있는 은총과 매력이다. 예를 들면 빵이 가마 안에 있을 때, 그 빵 여기저기에 갈라진 금이 생긴다. 빵을 구울 때 그렇게 하려고 하지 않았을 지라도 이런 갈라진 금들은 그것들 자신의 적절함을 가지고 있다. 또 한편 잘 익은 무화과 역시 갈라져 벌어진다. 올리브들이 떨어지기 직전에 있을 때 조락의 급박함은 그 열매의 특이한 아름다움을 더하여준다. 그러므로 옥수수 대의 수그러진 꼭대기, 사자가 울부짖을 때 주름살진 피부, 멧돼지 턱에서 거품이 떨어지는 것, 그리고 한층 더 많은 이런 광경들은 그들 자신이 본다면 조금도 아름답지 않다. 그렇지만 자연의 어떤 과정 때문에 그것들은 그것의 매력과 아름다움에 그것들 자신이 공헌을 하고 있다.

2. 이렇게 우주의 작용에 감수성과 매우 깊은 통찰력을 가진 사람에게 그것이 단지 어떤 것이든 다른 부산물이라고 하더라도 거의 모든 것은 특별한 즐거움이라는 보상을 더하여주는 것 같다. 그런 사람은 그가 그런 것들에 대한 미술가나 조각가의 모조품과 같

이 감탄하여 진짜 사자와 호랑이의 이를 드러내고 쌩끗 웃는 턱을 볼 것이다. 사리분별의 판단력은 젊은이의 매혹적인 신선미와 같은 노령의 남녀에게 있는 성숙의 매력을 볼 수 있게 할 것이다. 이런 종류의 사실들은 모든 사람들의 마음에 들지 않을 것이다. 이런 종류의 사실들은 모든 사람들의 마음에 들지 않을 것이다. 자연과 자연의 작용과 진실한 친밀함을 길렀든 그 사람만이 그것들에게 감복 받을 것이다.

3. 히포크라테스[1]는 많은 사람들의 병을 고쳐주었지만 자신은 병에 걸려 죽었다. 칼데아 사람들은 많은 사람들의 죽음을 예언했으나 그들은 운명을 벗어나지 못했다. 알렉산더, 폼페이우스, 그리고 줄리어스 시저들은 몇 번이고 많은 도시를 황폐하게 만들었고, 전쟁에서 수많은 기병과 보병을 베어 죽였지만 그들도 죽었다. 헤라

---

1 히포크라테스(B.C460~355)는 코스(Cos)섬의 원주민이었고 고대의 가장 유명한 의사였다. 그의 수많은 치료는 고대세계에서 모든 의학의 토대를 만들었다. '히포크라테스의 선서'를 그가 했다는 것을 의심할 근거가 없는 것 같다. 그는 "인생은 짧고 예술은 길다."는 명언을 남겼다.
2 헤라클레이토스(B.C540~475)는 이오니아의 철학자였고, 그는 '불이 만물의 근원'이라는 명언을 남겼다. 존재의 본질은 생성이라고 가르쳤다. 다시 말해서 끊임없는 변화의 움직임이라고 그는 가르쳤다. 이런 변화의 움직임으로 한 사물의 한 양상은 언제나 다른 양상으로 변화해 가도록 한다. 영속하는 이 움직임의 특징과 모든 물질의 근본적인 형태는 불이다. 우주의 근본적인 과정은 불에서 불과 흙으로 변했다가 다시 불로 변하는 변천이다. "만물은 흘러간다."와 "당신은 두 번 같은 강물 속으로 흘러들어 갈 수 없다."는 그가 주장한 유명한 말이다. 마르쿠스는 명상록 4편 46번에서 이 주장을 생각했다.

클레이토스[2]는 불로 우주가 소멸한다는 것을 계속해서 심사숙고했지만 결국은 그의 몸을 흠뻑 적시는 것은 물이었는데 그는 더러운 진흙을 뒤집어쓰고 죽었다. 데모크리토스[3]는 해충으로 죽었다. 소크라테스는 다른 종류의 해충으로 죽었다. 그 모든 것들의 교훈은? 그대들은 이미 배를 탔다. 그대들은 항해를 했고, 바닷가에 정박했다. 해변으로 발을 내딛어라. 또 하나의 생존으로 들어가려는가? 거기에도, 어느 곳에서나 신들은 있다. 최후의 무감각 상태로 들어간다면? 그때엔 그들은 고통과 쾌락에 사로잡히지 않고 더 이상 이 흙으로 된 배에 속박되지 않을 것이고, 그것을 수행하는 대리자보다 더 열등하다. 왜냐하면 전자는 정신이며 신성이고, 후자는 흙이고 부패일 뿐이기 때문이다.

4. 피차가 서로 이익을 기대하지 않는다면 당신의 이웃사람들을 생각하는데 당신의 남아 있는 생애를 낭비하지 마라. 아무개가 무엇을 하고 있으며, 그가 왜, 또는 무엇을 말하고 있는가, 무엇을 생각하고 있는가, 무엇을 계획하고 있는가하고 생각한다는 것은 — 한 마디로 말하면 성실성을 비롯해서 당신의 내부에 있는 통치자에 이르기까지 마음과 주의를 산란하게 하는 어떤 것은 — 다른 일

---

3 데모크리토스는 히포크라테스의 동시대 사람으로 고대 그리스 철학의 원자론자였다. 그는 우주가 무수한 원자의 대단히 다양한 결합으로 이루어졌다고 주장했다.

을 할 기회를 잃어버리게 하는 결과를 낳는다. 그러므로 당신의 생각의 흐름이 근거가 없거나 닥치는 대로의 환상, 특히 호기심이 강하거나 무정한 성질의 환상들에서 벗어나 있도록 하라. 어떤 사람이 "이 순간에 당신은 무엇을 생각하고 있습니까?"라고 갑자기 질문을 받는다면, 그는 솔직하고 주저하지 않고 대답을 할 수 있는 사고방식에 습관을 들여야 한다. 따라서 관능적인 상상의 쾌락, 질투, 부러워하는 것, 의심 또는 진심으로 그가 인정하고 부끄러워지는 어떤 다른 감정에 대한 기미가 없는 사회적 존재에 적합한 것으로써 모든 그의 생각이 단순하고 이해심 많은 것이라고 증명되어야 한다. 지금 바로 최고에 이르려고 결심한 그런 사람은 참으로 신들의 사제와 종복이다. 왜냐하면 그는 사람을 쾌락으로 더럽혀지지 않고, 고통을 견뎌내게 하고, 모욕으로 손상되지 않고, 악이 스며들지 않게 하는 상태로 계속 간직할 수 있게 해주는 그 내재한 힘을 충분히 사용하고 있기 때문이다. 그는 모든 경쟁 중에서 가장 큰 경쟁의 경쟁이고, 격정의 지배에 대항한 싸움의 경쟁자이다. 그는 그의 운명에 맡겨진 것이 무엇이든 진심으로 기꺼이 받아들이고 공공의 이익이 필요로 할 때가 아니면 좀처럼 다른 사람들이 말하거나 행동하거나 생각하는 것을 생각해 보지 않으면서 철저히 청렴강직으로 고취되어 있다. 그는 우주의 망중에서 자신의 특수한 가는 줄에 주의를 고정하고 그의 작용을 자신의 관심사들로 제한한다. 그의 행동들이 명예로운 것이라는 것에 주의하고, 그에게 일어나는 것은 되도록 잘 하려고 하는 것 이어야 한다고 확신했다 — 왜냐하면 자신이 관리하는 숙명은 더 높은 것의 지휘 아래 있기 때문이다. 그는 모든 이성적 존재들의 형제관계도 잊지 않고, 모든 사람의 관심이 인간애에 타당하다는 것도 잊지 않는다. 그래서 그는 그가 따라야 하는 것이 세상의 평판뿐만 아니고 생존이 명백히 자연과 조화를 하는 사람들의 견해라는 것을 안다. 생존이 그렇게 정해지지 않은 사람들에 대해서 그는 집 안에서와 집 밖에서 밤낮으로 보이는 특성과 그들이 항상 모이는 그러한 교제집단을 깨닫는다. 그들이 보기에는 좋은 관계도 아닌데, 그런 사람의 찬성은 그에게는 아무런 가치도 없다.

5. 당신이 행동할 때 공공의 이익을 생각하고 자진하여 재빠르고 능숙히 하라. 제대로 숙고해 보아라. 그러나 우유부단하지 마라. 당신의 감정에 따라 생각을 지나치게 허식으로 꾸미지 마라. 수다 떨지 말고 쓸데없이 참견하지 마라. 당신의 내부에 있는 그 신이 사내답고 성숙한 사람, 정치가, 로마사람, 통치자를 통제하고 지배한다. 목숨을 건 전쟁터에서 퇴각하라는 신호를 기다리며 그의 교체 병을 기꺼이 맞이할 준비를 한 병사와 같이 자기의 입장을 굽히지 않는 사람이 되라. 신용이 자기 혼자서 확언되지도 않고 다른

사람에 의해 보증 받지도 않는 사람이 되라. 거기에 쾌활의 비결과 외부로부터 도움에 의존하지 않고 아무에게서도 평온의 혜택을 갈망하지 않아야 하는 비결이 있다.

6. 인간 세상이 정의와 진리, 자제와 용기 — 즉 당신의 행동이 이성의 법칙에 분명히 순응하는 데서 얻는 마음의 평화와 당신이 억제할 수 없는 운명이 찾아왔을 때 얻은 마음의 평화 — 보다 더 좋은 어떤 것을 당신에게 제공해 줄 수 있다면, 아니, 깜박했군! 당신이 더 높은 수준에 있는 규범을 식별할 수 있다면, 온 정신을 기울여 그것을 향하여 나아가 그 목표를 누려라. 그러나 각각의 충동을 조종하고, 각각의 생각을 살펴보고, 육체의 유혹을 버리고(소크라테스의 경구에서), 신들에게 성실하고 인류를 불쌍히 여기는 것을 인정하고, 당신에게 아무것도 당신 안에 머물러 있는 신성보다 더 좋은 것이 없다고 생각된다면, 비교해 보았을 때 다른 모든 것들이 뒤떨어지고 가치 없다는 것을 알게 된다면, 그때엔 다른 어떤 것도 추종하지 마라. 왜냐하면 당신이 일단 머뭇거리고 길을 잘못 들어서면 당신은 당신 자신을 위해 당신이 선택했던 이 규범에 갈팡질팡 하지 않는 성실을 더 이상 할 수 없기 때문이다. 다른 성질의 야망은 이성과 시민의 의무에 속한 선에서 자격을 경쟁할 수 없다. 다시 말해서 세상의 칭찬도, 권력도, 쾌락의 향유도 선과 경쟁

할 자격이 없다. 잠시 동안 이런 것들에 순응할 것 같이 보이지만 순식간에 그것들은 우세하여져서 사람들을 그의 안정에서 쓸어낸다. 그런데 나는 말한다. 당신은 단순하고 자발적으로 당신 최선의 것을 선택하여 그것을 고수한다. 그러나 "당신에게 가장 좋은 것이 최선이다"라고 당신은 말하고 있는가? 사리를 아는 존재로서 그것이 당신에게 가장 좋다면 그것을 고수하라. 그러나 동물로서만이라면 솔직하게 그렇다고 말하고 겸손하게 당신의 견해를 고수하라 ─ 당신이 그 문제를 정확히 조사했다는 것을 확고히 하라.

7. 배신하고, 자존심을 잃고, 증오하고, 의심하고, 다른 사람을 저주하고, 가리고 막아서 숨겨야 하는 것을 욕구하는 것과 관련된 어떤 것이든, 그것들로부터 얻어지는 이익을 결코 생각하지 마라. 최고의 관심이 자기 자신의 확고한 신념, 자기 안에 있는 신성과 신성의 미덕이 돌보아준다는 것을 찬성하여 뜻을 같이하는 사람은 마음가짐이나 태도를 겉으로 드러내지 않고, 불평을 입 밖에 내지 않고, 외로움도 많은 사람의 북적거림도 바라지 않는다. 우선 무엇보다도 그의 생활은 계속되는 추적과 회피가 없을 것이다. 그는 육체의 틀 안에 있는 그의 영혼을 그의 것으로 가지고 있는 기간이 더 길 것인가 더 짧을 것인가에 관심을 갖지 않는다. 바로 이 순간이 그가 떠나야 하는 시간이라 하더라도 그는 자존심을 지키고 질

서바르게 행동할 수 있는 다른 어떤 행동을 하듯이 기꺼이 앞으로 나갈 것이다. 그는 지성을 갖추고 사회생활을 하는 존재의 행로와 맞지 않는 길로 그의 마음이 빗나가지 않게 하는 것외에는 아무것에도 관심을 갖지 않는다.

8. 충분히 단련되고 더러움을 털어버리고 깨끗하게 된 사람의 마음속에는 부패의 더러움도, 더렵혀진 흠도, 곪는 아픔도 없다. 그런 사람의 생애에 운명은 연극이 끝나기 전 중간에 걸어 나가버리는 배우처럼 결코 미완의 상태로 이 세상에서 떠나갈 수 없다. 그에게 비굴함이 조금도 없고, 젠 체하기도 전혀 없다. 그는 남에게 의지하지도 그들에게 멀리 떨어져 초연하지도 않는다. 그는 여전히 아무도 책임지지 않고, 게다가 모든 회피에 대해 죄책감도 없다.

9. 당신이 의견을 형성해야 하는 능력을 존경심을 가지고 대우하라. 그것만으로 당신 내부에 있는 키잡이는 분별 있는 사람의 본질과 구성에 일치하지 않는 견해들을 형성하는 것을 피할 수 있다. 그것으로부터 당신은 신중함, 당신의 같은 인간들과 좋은 관계, 그리고 신의 뜻에 순응을 이룰 수 있을 것 라고 예견할지도 모른다.

10. 다른 모든 것을 놓아주고 다음과 같은 몇 가지 진리들을 굳게 지켜라. 사람은 현재에, 빠르게 지나가고 있는 이 순간에만 살고 있다는 것을 기억하라. 그 밖의 그의 생애는 지나가버렸거나 아직 드러내지 않았다. 이 인간의 생활은 지구의 작은 모퉁이에서 살았던 작은 것이다. 앞으로 올 가장 긴 명성도 잠시다 — 그것은 오래 전에 죽은 사람들은 말할 것도 없고 자기 자신까지도 전혀 알고 있지 못하는 빠르게 연속하여 죽어 없어지는 적은 사람들에 의해 전해진다.

11. 앞에서 말한 처세훈에 또 하나를 덧붙인다. 어떤 대상이 당신의 지각에 모습을 드러낸다면 그것의 본질적인 성질을 분별하고, 그것의 하나 하나의 속성 외에 드러난 전체의 뚜렷한 광경을 꿰뚫어보고, 당신 자신이 그 대상 자체와 그것이 구성되어져 있고 그것이 다시 분해되어지는 요소들을 확인하기 위해 정신적인 정의를 내리거나 어떻든 그것을 추려낸 주요 내용을 말해 보라. 그것의 분류, 그것이 소용되는 목적, 우주에 대한 그것의 가치, 모든 다른 도시들이 가족처럼 초대형도시의 일원으로 사람들에 대한 그것의 가치를 염두에 두고 조직적으로 정확하게 모든 사람의 생활경험을 검토하는 능력만큼 정신을 확대시켜주는 것은 아무것도 없다. 예를 들면, 이 순간에 나에게 그것의 인상을 주고 있는 것을 생각해

보라. 그것은 무엇인가? 그것은 무엇으로 구성되었는가? 얼마나 오랫동안 계속될 것인가? 그것은 나에게 어떤 윤리적 반응을, 예를 들면 온화함, 꿋꿋함, 공평무사, 성실, 정직, 자기 신뢰, 또는 어떤 다른 성질을 요구하고 있는가? 모든 경우에 다음과 같이 말하는 것을 배워라. 이것은 신에게 왔다. 또는 이것은 운명의 분배들 중 하나이며, 복잡하게 얽힌 그물망의 한 실타래이며, 우연들의 결합이다. 또 역시 이것은 나와 같은 혈족이며 동족이며 동포이지만 자연이 그에게 요구하는 것을 모르는 사람의 작용이다. 그러나 나 자신은 그런 무지를 이유로 내세울 수 없다. 그러므로 동포라는 자연법칙에 따라 나는 그를 상냥하고 공정하게 상대할 것이다 — 하지만 관련된 선과 악의 문제가 없다면, 나는 그 사실의 타당한 장점에 나의 판단을 맞추려고 한다.

12. 당신이 바로 지금 신성의 소환에 직면할 것처럼 모든 작은 목적을 무시하고, 당신 내부의 신성을 순수하고 정직하게 간수하면서 당신이 열성적이고 정력적으로 그러나 부드러운 마음으로 언제나 엄격한 이성을 굳게 지켜서 당신 앞에 닥친 일을 처리한다면 — 당신이 아무것도 기대하지 않고 아무것도 두려워하지 않고 다만 각각의 현재 행동에서 본질에 순응하려고 노력하고 말마다 정직하려고 하면서 그렇게 일을 꾸준히 처리한다면, 그때에는 유복

한 생활은 당신의 것이 될 것이다. 이런 진로에서는 아무도 당신을 방해할 수 있는 능력을 가지고 있지 않다.

13. 의사들이 그들의 기술을 갑자기 필요로 하는 경우를 위해 그들의 랜싯(Lancet)과 외과용 메스를 언제나 즉시 쓸 수 있도록 준비해두는 것처럼 인간과 신의 일들을 이해하기 위해 준비를 갖추고 항상 당신의 원칙을 가지고 있어야 한다. 가장 사소한 행동에서도 인간과 신이 어떻게 긴밀하게 관련되어져야 하는가를 결코 잊지 마라. 왜냐하면 신과 관계없이 인간의 일은 아무것도 올바르게 되어질 수 없으며 그 반대도 마찬가지이기 때문이다.

14. 더 이상 현혹되지 마라. 당신은 결코 이제 다시 이런 비망록들을 읽지 못할 것이고, 지나간 로마사람들과 그리스사람들의 연대기들도, 노년기에 읽으려고 따로 간직해둔 골라 뽑은 발췌록들도 읽지 못할 것이다. 그러므로 마지막 마무리를 서둘러라. 헛된 희망을 버려라. 자신을 위해 당신이 어떤 관심을 가지고 있다면, 당신이 아직 할 수 있는 동안에 당신 자신의 안전에 마음을 쏟아라.

15. 사람들은 훔침, 씨 뿌림, 구매, 마음 편함, 자신의 의무를 살

펴봄과 같은 말들로 의미되어지는 모든 것을 모른다. 이것은 눈으로 보여지는 것과는 다른 통찰력이 필요하다.

16. 육체, 영혼, 그리고 이지理智가 있다. 육체는 감각의 필요에 맞고, 영혼은 행동근원의 필요에 맞고, 이지는 원칙의 필요에 맞다. 하지만 감각을 받아들이는 능력은 외양간에 넣어둔 소에게도 있다. 충동의 잡아당기는 것에 따르지 않는 야수에게도, 동성애의 사람에게도, 네로에게도, 팔라리스⁴에게도 없다. 신들을 거부하거나 나라를 배반하거나 닫혀 잠겨진 문 뒤에서 온갖 방법의 악행을 저지르는 사람들까지도 그들을 본분의 밝은 길로 인도하는 의지를 가지고 있다. 그렇다면 다른 모든 것이 그런 유형의 공통된 물려받은 것이라는 것에 비추어 선인의 유일한 특이한 점이 있다. 그것은 운명의 베틀들이 실을 짜서 만들어 줄지도 모르는 온갖 체험에 대한 환영을 그가 찬성하고, 그의 마음속에 뿌리박힌 신성을 더럽히거나 난잡한 상념들로 신성을 어지럽히는 것을 그가 거절하고, 그의 말에서 진리나 그의 행동에서 정의에 불신하지 않도록 하면서 침착함과 신에 대한 예의바른 순종으로 신성을 간직하는 것이다.

---

4 팔라리스는 B.C 6세기에 시칠리아 섬의 아크라가스의 통치자였으며, 그의 비인간적인 잔인성으로 악명을 얻었다. 그는 그의 포로들을 산채로 놋쇠로 만든 황소 속에 넣고 불태워 죽였다고 한다. 그 첫 희생자는 그것의 고안자 페리루스였다고 한다.

그가 검소하고 자존심 있는 행복을 가지고 있기 때문에 온 세상이 그를 의심한다 하더라도 그는 어느 것에도 불법을 저지르지 않지만 빛나지 않고 그의 생명이 끝날 때까지 앞으로 길을 밟아간다. 그곳에서 본분은 그에게 죽음에 기꺼이 운명의 분담으로 완벽하고 자발적이고 조화스럽게 순수와 평화에 도달하라고 말한다.

MARCUS AURELIUS
MEDITAIONS
제 4 편

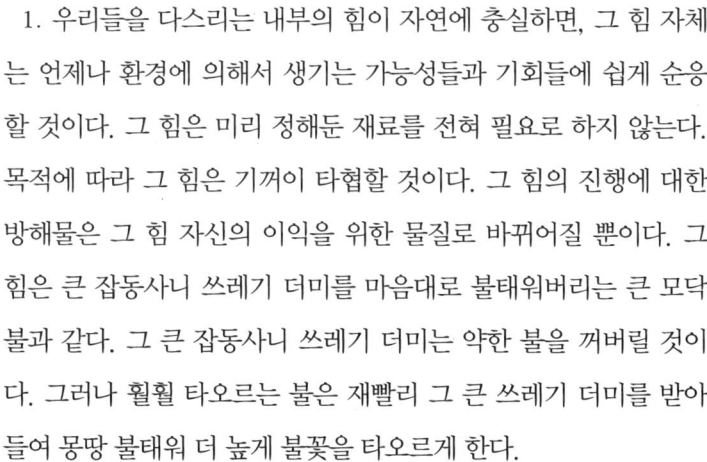

1. 우리들을 다스리는 내부의 힘이 자연에 충실하면, 그 힘 자체는 언제나 환경에 의해서 생기는 가능성들과 기회들에 쉽게 순응할 것이다. 그 힘은 미리 정해둔 재료를 전혀 필요로 하지 않는다. 목적에 따라 그 힘은 기꺼이 타협할 것이다. 그 힘의 진행에 대한 방해물은 그 힘 자신의 이익을 위한 물질로 바뀌어질 뿐이다. 그 힘은 큰 잡동사니 쓰레기 더미를 마음대로 불태워버리는 큰 모닥불과 같다. 그 큰 잡동사니 쓰레기 더미는 약한 불을 꺼버릴 것이다. 그러나 훨훨 타오르는 불은 재빨리 그 큰 쓰레기 더미를 받아들여 몽땅 불태워 더 높게 불꽃을 타오르게 한다.

2. 되는 대로나 알맞은 관리 원칙이 없이 아무런 계획을 하지 마라.

3. 사람들은 황야에서나 바닷가에서나 산 속에서 숨어 사는 곳을 찾는다 — 이것은 당신 자신도 맹신적으로 마음에 품고 있는 꿈이다. 그러나 당신이 원하는 어느 때든 당신은 당신 자신의 내부에 틀어 박혀 있을 수 있기 때문에 그런 공상은 철학자에게는 전혀 어울리지 않는다. 사람은 그 자신의 영혼 속에서보다 더 조용하고 마음을 어지럽히지 않는 더 좋은 은신처를 어느 곳에서도 찾을 수 없다. 특히 그 자신 안에 즉시 마음의 평정을 — 단지 질서정연한 마음의 상태를 나타내는 말로 평안함을 — 굳게 지켜야 한다고 생각하는 능력을 가진 사람은 그렇다. 그러므로 이런 은둔처를 종종 이용하라. 그래서 끊임없이 자신을 새롭게 하라. 원칙에 따르되 당신의 생활규칙들을 간단히 하라. 그렇게 하면 원칙들을 다시 생각해내는 것만으로도 모든 괴로움은 충분히 없어질 것이고 직무에 안달하지 않고 당신이 돌아가야 하는 것들로 당신은 되돌려질 것이다.

도대체 당신은 무엇 때문에 안달하는가? 인간의 사악함 때문인가? 모든 합리적인 존재들이 서로를 위해 창조되었고, 인내가 정의의 한 부분이고, 사람들이 고의의 악인이 아니라는 것을 기억하라. 지금은 티끌과 재로 사라져버린 사람들이 잘 알고 있었던 적의, 의심, 증오, 그리고 갈등을 생각해 보고 더 이상 안달하지 마라.

또는 당신을 안달나게 하는 것은 우주에서 당신에게 할당된 운명일까? '현명한 섭리가 없다면, 그때에는 혼잡한 원자들만 있을 뿐이다'라는 양자택일의 문제를 다시 생각해 보고, 말하자면, 이 세계는 하나의 도시국가라는 것을 증명하는 많은 이론을 곰곰이 생각해 보아라. 육체의 병고들이 당신을 괴롭히는가? 마음이 그 자신을 분리하여 마음 자신의 힘을 알아야 하고, 호흡이 순조롭거나 거칠든 간에 더 이상 호흡 동작에 영향을 받지 않아야 한다는 것을 생각하라. 요컨대 당신이 괴로움과 기쁨에 관하여 듣고 받아들였든 모든 것을 생각해내라.

또는 거품 같은 명성이 당신의 마음을 흩뜨리는가? 바로 당신의 눈앞에서 빠르게 시작되는 망각과 우리의 과거와 미래로 펼쳐진 영원의 심연을 계속 살펴라. 칭찬의 공명이 얼마나 공허한가를, 칭찬하는 자들의 판단이 얼마나 변하기 쉬우며 분별없는가를, 그리고 인간의 명성이 미치는 장소가 얼마나 작은가를 관심을 가지고 살펴보아라. 지구 전체는 한 개의 점에 불과하고 우리 자신이 사는 장소는 그 지구의 하찮은 구석에 지나지 않는다. 그러므로 당신을 칭찬할 사람이 그곳에 얼마나 많겠는가? 또한 그들은 어떤 사람들일까?

이번에는 자신의 작은 땅으로 물러나는 것을 기억해 두어라. 특히 결코 버둥거리거나 긴장하지 마라. 그러나 침착을 잃지 말고 삶을 하나의 남자로서, 한 인간으로서, 한 시민으로서, 그리고 죽어야 할 운명을 지닌 한 사람으로서 바라보아라. 당신이 가장 빈번히 생각해 보는 편이 좋은 진리들 중에 두 가지가 있다. 첫째로 사물은 결코 영혼에 영향을 줄 수 없지만 영혼 바깥에 있으면서 움직일 수 없으므로 마음의 동요는 내부에 있는 근거 없는 상상에서만 생겨난다. 둘째로 모든 눈에 보이는 사물들은 순식간에 변하고 더 이상 존재하지 않을 것이다. 당신 자신이 관여해 왔던 셀 수 없을 정도로 많은 변화를 생각해 보아라. 우주 전체는 변화이고 삶 그 자체는 당신이 그 삶을 생각하는 견해일 뿐이다.[1]

4. 사고의 능력이 사람들 사이에서 보편적인 것이라면, 우리를 이성적인 사람으로 만들었으므로 이성의 소유도 보편적이다. 따라서 당연한 결과로서 이성이 '당신은 해야 한다' 나 '당신은 하지 않아야 한다' 와 같이 우리 모두에게 보편적으로 말하게 된다. 그렇다면 세계에는 하나의 법칙이 있다. 이것은 우리 모두가 동료시민이며, 공동의 시민권을 공유하고 있고, 세계는 한 개의 도시라는 의미를 지니고 있다. 모든 인류가 주장할 수 있는 어떤 다른 공동의 시민권이 있겠는가? 지력, 이성, 그리고 법칙들 그 자체들은 이 공동의 도시국가에서 나 온다. 그렇지 않다면, 그것들은 다른 어디에

---

[1] 셰익스피어의 「햄릿」 2막 2장에서 햄릿은 '생각이 그렇게 만들었을 뿐 선이든 악이든 아무 것도 없다' 라고 말한다. 여기서 마르쿠스는 이 생각을 그리스말로 한층 더 간결하게 표현했다. 글자 뜻대로는 '인생은 생각이다' 라는 의미이다.

서 나오겠는가? 나의 흙으로 된 부분은 흙에서 생긴 것이고, 물로 된 부분은 다른 요소에서 생긴 것이고, 나의 호흡은 사물이 시작되는 한 본바탕에서 생겼고, 나의 뜨겁고 격렬한 부분들은 어딘가 다른 곳(무에서 아무것도 생길 수 없거나 무로 되돌아갈 수 없으므로)에 있는 그것들 자신의 또 다른 것에서 생긴 것처럼 지력의 부분에도 어떤 원천이 있었음이 틀림 없다.

5. 탄생과 같이 죽음은 자연의 신비들 중 하나이다. 다시 말해서 탄생은 원소들의 결합이고, 죽음은 그 결합된 원소들이 뿔뿔이 흩어지는 것이다. 그것에 관한 어떤 것도 수치의 동기가 될 수 없다. 지력을 타고 난 존재이므로 그것은 변칙도 아니고 어떤 점에서 그것들의 창조 계획에 어긋나는 것도 아니다.

6. 어떤 일정한 유형의 사람들이 하고 있는 대로 행동해야 하는 것은 그렇게 될 수밖에 없다. 다른 방법으로 그렇게 하기를 바란다면 그는 무화과 나무에서 즙이 나오지 않기를 바라는 사람이다. 어쨌든 잠시 후에 당신과 두 사람 모두 죽을 것이고, 당신들의 이름조차 빨리 잊혀질 것이라는 것을 기억하라.

7. '내가 상해를 없었다' 는 생각을 당신에게서 떨쳐버려라. 그렇

게 하면 그 감정은 사그라질 것이다. 당신의 상해 의식을 버려라. 그러면 그 상해 자체는 사라질 것이다.

8. 어떤 사람 그 자신을 타락시키지 않는다면 그의 생활은 타락될 수 없고, 외부에서나 내부에서 그는 어떤 손해도 받지 않는다.

9. 집단 편의의 법칙들은 어떤 일이 일어나는데 이러한 일이 필요했다.

10. 일어나는 것이 무엇이든 정당한 이유에서 일어난다. 주의하여 지켜보아라. 그러면 당신은 이것이 진실하다는 것을 알게 될 것이다. 연속하여 일어나는 사건들에는 연속성뿐만 아니라 지정된 대로 나누어주는 지정자의 작용처럼 정당하고 올바는 순서가 있다. 그러므로 당신이 이미 시작한 것처럼 주의깊게 당신이 지켜보는 것을 계속하여, 선 — 즉, 이 말의 본래 의미에서 선 — 이 당신의 모든 행동을 좇아 따르게 하라. 당신의 모든 활동에서 이 점을 주의하라.

11. 오만한 생각을 그대로 베껴쓰지 마라. 또는 당신 자신이 그런 생각을 받아쓰지 마라. 그러나 진리에 비추어 진상을 보아라.

12. 다음 두 가지 점에서 언제나 준비를 해두어라. 첫째는 우리의 군주이며 입법자인 이성이 공동의 복리를 위해 권하는 것만을 행하는 것이고, 둘째는 곁에 있는 누군가가 당신을 바로 잡아주고, 판단이 틀렸다는 것을 당신에게 깨닫게 해준다면, 결정을 다시 생각하는 것이다. 그러나 이런 의견의 변경은 정의나 공익이나 어떤 다른 이런 이익이 이바지되어질 것이라는 확신에서 진행되어야 한다. 이것은 쾌감이나 인기의 가능성이 아니고 일방적인 헤아림이어야 한다.

13. 당신은 이성을 갖고 있는가? '나는 갖고 있다'. 그렇다면 왜 당신은 그것을 사용하지 않는가? 이성이 그것의 본분을 다한다면 당신은 무엇을 더 요구하겠는가?

14. 한 부분으로서 당신은 전체 속에 내재한다. 당신은 당신을 생겨나게 해주었던 그것 속으로 사라질 것이다. 더 정확히 말하면, 우주의 창조적인 이성으로 다시 한 번 변형될 것이다.

15. 많은 향냄새를 내는 낟알들이 한 제단 위에 떨어진다. 먼저 떨어지는 것도 있고, 나중에 떨어지는 것도 있다. 그것은 아무런 차이도 만들어내지 못한다.

16. 당신은 당신의 신조의 가르침과 이성을 존경하는 것으로 되돌아가야만 한다. 그러면 지금 당신을 야수와 원숭이와 동류로 분류하는 사람들은 일주일 이내에 당신을 신이라고 부를 것이다.

17. 수천 년이라도 살아갈 것처럼 지내지 마라. 죽음이 바로 너의 곁에 있다. 당신의 생명과 능력이 아직 당신의 것인 동안에 선한 사람이 되라.

18. 이웃사람이 말하거나 행동하거나 생각하고 있는 것을 알려고 하지 않고 자기 자신의 행동이 올바르고 신앙심이 깊어야 한다는 것에만 마음쓰는 사람은 때에 맞추어 편안하게 얻는 사람이다. 선한 사람은 다른 사람들의 사악한 점들을 이리저리 살피지 않지만 확고히 그의 목표로 나아간다.

19. 죽은 후의 명성에 대해 마음을 기울여 열중하는 사람은 그를 기억하고 있는 모든 사람들 역시 한 사람 한 사람씩 곧 죽게 될 것이고, 결국 세대가 다음 다음으로 지나감에 따라 차례로 활활 타올랐다가 비실비실 쓰러진 후에 기억의 마지막 번득임이 사라져버린다는 것을 생각하지 못한다. 다시금 당신을 기억하고 있는 사람들이 전혀 죽지도 않고 그들의 기억도 사라지지 않는다고 하더라도

그것은 당신에게 무슨 의미가 있겠는가? 분명히 당신이 죽어서는 그것은 아무것도 아니다. 그런데 당신이 살아 있을 때조차도 칭송이 — 아마 어떤 작은 목적에도 공헌하지 않는다면 — 무슨 소용이 있겠는가? 당신의 마음 전체가 당신에 관해 사람들이 내일 무슨 이야기를 할 것인가에 쏠려 있다면, 확실히 그때에는 당신은 오늘 당신에게 베풀어주는 것에 대해 부적당한 거부를 하고 있는 것이다.

20. 어느 점에서든 아름다운 것은 그것의 아름다움을 그것자체에서 끌어내고 자체 기준보다 위의 것은 아무것도 바라지 않는다. 칭송 받는다고 해서 더 나빠지거나 더 좋아지지 않기 때문에 칭송을 아름다움의 일부분이 아니다. 이 점은 아름다움의 더욱 더 현세적인 여러 형태에까지도, 예를 들면 천연적인 사물이나 예술 작품들에까지도 들어맞는다. 더구나 참으로 아름다운 것은 무슨 필요한 것이 있겠는가? 분명히 참으로 아름다운 것은 아무것도 필요하지 않다. 법칙이나 진리나 인간애나 겸손도 그렇다. 이런 것들의 어떤 것이 칭찬받았다고해서 아름다워지거나, 비난받았다고 해서 손상되어지는가? 에메랄드는 칭찬받지 못한다 해서 그것의 아름다움을 잃게 되는가? 금이나 상아나 자줏빛 의상이 그러한가? 칠현금이나 단도나 장미 봉오리나 묘목이 그러한가?

21. 영혼이 죽은 후에도 살아남아 있다면, 태고적부터 우리들 위의 대기는 그것들 모두를 받아들일 수 있는 여지를 어떻게 발견했을까? 또한 대지는 아득한 옛날부터 묻혀온 많은 사람들의 시신을 받아들일 수 있는 여지를 어떻게 찾아내는지 물어보라. 잠시 머문 후에 다른 죽은 사람의 시신에게 자리를 내어주는 변화와 부패가 있다. 마찬가지로 대기로 옮겨진 영혼들은 얼마 동안 있다가 변화하고 흩어져 불로 변형하여 다시 우주의 창조적인 본질로 돌아간다. 이와 같이 여지는 다른 영혼들을 받아들이기 위해 만들어진다. 이것은 영혼이 살아남는다는 것을 믿는 어떤 사람에게나 해답이 될 것이다. 더욱이 우리들은 이와 같이 묻히는 사람의 시체 수뿐만 아니고 우리들 자신들과 다른 동물들에 의해 날마다 먹히는 모든 동물들의 수도 생각해 보아야 한다. 이런 방식으로 얼마나 많은 동물들이 죽고, 어떤 의미에서 그 동물들이 공급하는 영양물이 그 동물들의 몸 속에 얼마나 많이 묻혀 있는 것일까! 그럼에도 불구하고 잡아 먹힌 동물들은 사람이나 다른 동물들의 체내에서 소화되어 피로 변했다가 그 다음에 공기나 불로 변형하기 때문에 모든 필요한 공간이 이용할 수 있게 생겨난다.

우리들은 이 모든 문제에 대한 진리를 어떻게 찾아내는가? 그것은 물질과 원인을 식별함으로서이다.

22. 결코 감정에 휩쓸리지 마라. 충동이 일어날 때 먼저 정의의 요구를 존중하도록 하라. 인상을 받았을 때 먼저 그 인상의 객관적인 확실성을 확인하라.

23. 오 세계여, 나는 그대의 굉장한 조화의 음성과 가락을 맞춘다. 그대의 대에 맞는 것이라면 어떤 것이든 나에게 전혀 빠르거나 늦지 않다. 오, 대자연이여, 그대 계절이 가져다 주는 모든 것은 나에게 열매가 된다. 만물은 그대에게서 산출되고 그대 안에 있으며 그대에게로 돌아간다. 시인이 '고귀한 케크롭스(Cecrops)의 도시'[2]라고 외쳤던 것처럼 우리들은 '고귀한 하느님의 도시' 라고 외치지 않을지도 모른다.

24. '그대가 마음의 흡족을 가지고 싶다면, 많은 일을 하지 않도록 하라' 고 철인은 말했다. 그러나 꼭 필요한 일만 하고 사회적 동물의 이성이 요구하는 것을 그것이 요구하는 대로 하라고 말하는 편이 더 좋았을 것이다. 이렇게 하는 것은 많은 일을 하지 않고 일을 잘 되게 하는 데서 생기는 마음의 흡족을 가져온다. 우리들이

---

2 케크롭스는 아테네를 설립했다는 전설의 사람이다. 그러나 인용의 근거는 알려지지 않는다. 우주에 대한 마르쿠스의 고상한 표현인 "하느님의 도시"에서 히포의 성 어거스틴은 그의 기독교 작품 'the Civitas Dei'에 이 명칭을 썼다.

말하고 행동하는 것의 대부분은 필요하지 않고 그것을 간단하게 줄이거나 빼는 것은 시간을 아끼고 수를 줄이는 것이다. 그러므로 끊임없이 사람은 '이것은 불필요한 일들 중의 하나가 아닐까?' 라고 스스로 물어보아야 할 것이다. 더욱이 쓸모없는 행위뿐만 아니라 쓸모없는 생각까지도 억제되어야 한다. 왜냐하면 그래야 쓸데없는 행위가 뒤따르지 않기 때문이다.

25. 선한 사람의 생활을 받아들일 수 있는 당신의 능력을 스스로 시험해 보라. 다시 말하여 우주에서 할당된 자기의 몫에 만족하고 자기의 행동에서 올바른 것과 그의 나름대로 자유로움만을 찾는 사람의 생활을 받아들일 수 있는 당신의 능력을 스스로 시험해 보라.

26. 당신은 그런 것 전부를 보았는가[3] — 이번에는 이런 것을 보라. 당신의 본분은 침착하고 단순하기로 되어 있다. 누군가 나쁜 짓을 하고 있는가? 나쁜 짓은 자신에게 해를 행사하는 것이 된다. 당신에게 무슨 일이 일어났는가? 그렇다. 세상이 시작되었을 때

---

3 어떤 우연한 만남에서 불쾌한 면을 말한 것 같다.
4 우리는 이런 특징이 없는 감정의 폭발에 대해서 그 이유를 추측해 볼 수밖에 없다. 아마 마르쿠스가 네로의 생애에 대해 곱씹어봤을까?

그 일은 우주적인 운명 중 당신의 몫이었으며 당신에게 할당되어진 것이었다. 다시 말하여 그 일은 일어나는 다른 모든 일과 마찬가지로 당신의 특정한 뒤얽혀 있는 삶 속에 짜여져 있는 한 가닥이었다. 한 마디로 말하면 인생은 짧다. 그래서 이성을 따르고 정의로운 행동으로 흘러가는 시간에서 당신의 이익을 붙잡아라. 긴장을 풀어라. 그러나 정신을 차려라.

27. 바로 질서 그것인 우주든 되는 대로 그러 모아진 뒤범벅이든 우주는 여전히 우주이다. 그러나 당신 자신의 안에 얼만가의 질서가 존재해 있는 것과 동시에 큰 전체에 무질서가 존재해 있을 수 있을까? 더욱이 자연의 모든 부분들이 나뉘어 갈라지고 갈라져 흩어짐에도 불구하고 감정의 일치는 언제 모든 자연의 부분들 사이에 존재하는가?

28. 음험한 마음!⁴ 여자 같고 외고집의 성격, 야수의 마음, 들짐승, 유치하고 우둔하고 허위로 가득 찼고, 비열한 마음, 폭로의 마음.

29. 우주 안에 무엇이 있는가를 모르는 사람이 우주에 대한 문외한이라고 한다면, 우주 안에서 무슨 일이 일어나는가를 모르는 사

람도 문외한이다. 그런 사람은 이성의 정치에서 스스로 떨어져나온 유랑자이다. 그는 이해의 눈을 감아버린 장님이다. 그는 다른 사람들의 도움을 받고 있고, 그의 생계를 위해 자기 자신의 방책을 갖지 못한 것이다. 그가 그의 운명을(결국 당신 자신을 생겨나게 한 같은 대자연의 산물이다) 받아들이려 하지 않음으로써 우리의 공통된 자연의 법칙과의 관계를 끊고 자해할 때 그는 세상의 한 이상 병적 생성물이다. 그가 모든 이성적 동물의 유일한 영혼에서 그 자신의 영혼을 잘라내어 떠내려 보낼 때 그는 공동체로부터 베어내어진 사지의 하나와 같다.

30. 한 철학자는 셔츠를 입지 않고 지내고,[5] 또 어떤 철학자는 책을 갖지 않고 지낸다. 반나체로만 지내는 세 번째 철학자는 "나는 빵이 없다. 그러나 나는 이성을 굳게 지키고 있다."라고 말했다. 나

---

[5] 견유학파의 많은 철학자들은 덕행이 삶의 유일한 목적이라고 주장하면서 최소한도의 뜻으로 만족했고, 자연이 현인의 유일한 필독서라고 공언했다. 금욕주의자들은 그들 자신의 학문 체계를 견유주의에서 나온 분파라고 생각했다.

[6] 베스파시아누스(Vespasianus, Titus Flavius, 9.11.17?~79.6.24)는 사비니 리에티 출신. 트라키아에서 군대생활을 하고, 39년 프라이토르(법무관), 51년 콘술(집정관)이 되었다. 69년 동방의 여러 군단이 그를 황제로 추대하였고, 알렉산드리아를 거쳐 로마에 입성하여, 원로원의 황제 즉위 승인을 받았다. 중후하고 성실한 성격으로, 국가의 위신회복과 내란의 손해복구에 힘썼다. 신전·플라비우스투기장(콜로세움)을 건설하고, 정복한 지방의 로마화를 추진, 제국의 재건에 성공하였다. 죽은 뒤 두 아들 티투스·도미티아누스가 차례로 황제가 되어, 플라비우스왕조를 이룩하였다.

도 배운 것의 보수를 받지 않고 이성을 지키고 있다.

31. 당신이 배운 기술을 사랑하고 그것으로 기운을 돋워라. 온 마음으로 모든 것을 신들에게 맡긴 사람처럼 당신의 여생을 보내고 사람의 주인이나 노예가 되지 마라.

32. 이를 테면 베스파시아누스[6]의 시대를 생각해 보라. 당신은 무엇을 생각해 보는가? 사람들은 결혼하고, 아이를 기르고, 병들고, 죽고, 싸우고, 잔치를 베풀고, 장사를 하고, 농사를 짓고, 아부하고, 자만하고, 시기하고, 흉계를 꾸미고, 저주하고, 운명을 불평하고, 사랑하고, 재산을 모으고, 높은 지위와 왕좌를 탐내느라 바빴다. 그들의 생활은 이제 흔적도 없다. 다시 트라야누스 황제 시대로 돌아가 보자. 그 시대도 마찬가지이다. 그때의 생활도 사라져 버렸다. 마찬가지로 다른 과거의 시대들과 사람들을 살펴보라. 덧없는 노력을 하다가 모두 어떻게 사라졌으며 원소들로 분해되었는가를 관심을 가지고 주의깊게 살펴보라. 한층 더 특별히 당신이 직접 알고 있는 범위 안에서 결연히 의무를 이행하는 것에 만족하지 않고 허영을 추구했던 사람들을 돌이켜 생각해 보라. 이런 경우에 기억해 두어야 할 것은 어떤 대상을 추구할 때 추구하는 대상의 가치가 대상의 진가와 어울릴 만큼 알맞아야 한다는 것이다. 당신이

실망하지 않으려면, 가장 중요하다고 생각하지 않는 것에 몰두하지 마라.

33. 이전에 통용하고 있었던 말들은 오늘날에는 쓰이지 않는다. 이전에 잘 알려진 이름들도 오늘날에는 실질적으로 옛이름이 되었다. 카밀루스, 케소, 볼레수스, 덴타투스, 조금 후의 스키피오와 카토, 아우구스투스도, 하드리아누스와 안토니누스까지도 이제는 옛이름이 되었다. 모든 것은 옛이야기거리가 되고 곧 망각으로 덮인다. 영예를 떨쳤던 사람들도 이야기에서 유명한 과거의 사람이 되고 곧 잊혀진다. 호머의 말처럼 그밖의 사람들은 죽자마자 사라져 버리고 아무도 그들에 관해서 이야기하지도 않는다. 결국 영원한 명성은 무엇인가? 모든 것이 헛되고 무의미할 뿐이다. 그렇다면 우리들은 어떤 것을 잡으려고 열망해야 하는가? 바로 이것, 이것일 뿐이다. 올바른 생각, 이기적이 아닌 행동, 거짓없는 말, 일어나는 모든 사건을 운명이 정해져 있어 예정된 것이고, 하나의 근원에서 나온 것으로 받아들이는 기질이다.

34. 클로토[7] 여신에게 쾌히 당신 자신을 맡기고 그녀가 그녀 마

---

[7] 세 운명의 여신들 중 하나, 사람의 생명의 실을 잣는 여신이다. 래커시스(Lachesis)는 사람의 숙명을 결정한다. 아트로포스(Atropos)는 사람이 죽어야 할 때에 생명의 실을 자른다.

음대로 당신의 운명의 실을 짜게 하라.

35. 우리들 모두는 하루살이 생물이다. 기억하는 사람도 기억되는 사람도 똑 같이 하루 동안뿐이다.

36. 만물이 어떻게 끊임없이 변화로부터 생겨나는가를 관찰하라. 자연의 가장 좋은 만족이 현존하는 사물들을 변화시키고 같은 새로운 사물들을 만들어내는데 있다는 것을 깨닫도록 하라. 현재 존재하는 것은 모두 어떤 의미에서 장래 그것으로부터 생겨날 사물의 씨앗이다. 씨앗이 땅이나 자궁 안에 심어질 수 있을 뿐이라고 생각하는 것은 통속적인 생각이다.

37. 당신은 곧 죽을 것이다. 그런데도 당신은 단순해지지도, 불안을 초월하지도 않았고, 외부로부터 해악을 걱정하지도 않고, 모든 사람들에게 관대하지도 못하고, 올바르게 행동하는 것이 유일의 지혜라는 것을 확신하지도 못했다.

38. 지혜로운 행위를 이끌어주는 것과 지혜로운 행위들이 피하거나 찾는 것을 주의깊게 관찰해 보라.

39. 당신에게 사악은 다른 사람의 마음에서 오지 않고, 당신 자신의 신체 구조의 어떤 국면과 변화에서도 오지 않는다. 그렇다면 그것은 어디에서 오는 것일까? 무엇이 악인가를 조사하고 심사하는 당신의 사정관으로 직무를 수행하는 당신 자신의 그 부분에서 온다. 그것의 사정을 물리쳐라. 그러면 모든 것이 순조로울 것이다. 그 부분에 가장 가까운 빈약한 육체가 깊이 베이거나 화상을 입고, 곪거나 썩는다 해도 이 사정관의 음성이 침묵을 지키고 있게 하라. 악인이나 선인에게 서로 같이 일어날 수 있는 일은 선도 악도 아니라고 그 부분이 공표하게 하라 — 왜냐하면 사람들이 자연의 법칙에 순응하든 순응하지 않든 어느 편으로 치우치지 않고 사람들에게 일어나는 것은 자연의 의도를 방해할 수도 없고 자연의 의도를 진척시킬 수도 없기 때문이다.

40. 언제나 우주를 하나의 실체와 하나의 영혼을 가지고 살아 있는 하나의 유기체로 생각하라. 어떻게 모든 것들이 전체의 지각 하나에 따르게 되고, 어떻게 모든 것들이 전체의 충동 하나에 의해 움직여지고, 어떻게 모든 것들이 일어나는 모든 일들의 원인에 그들의 역할을 하는지를 관찰해보라. 실타래의 얽히고 설킨 천의 복잡함을 주의깊게 살펴보라.

41. '시신을 지고 다니는 가엾은 영혼'[8]이라고 에픽테토스 당신을 부른다.

42. 변화 중에 있는 것은 악이 아니고, 변화의 결과로 존속하는 것은 선도 아니다.

43. 시간은 모든 발생된 것들을 거역하여 버틸 수 없는 흐름인 강과 같은 것이다. 하나의 사물이 보이자마자 그것은 재촉하여 과거로 사라지고, 또 다른 것이 나타났다가 곧 사라져버린다.

44. 일어나는 모든 일들은 봄의 장미꽃이나 여름의 과일처럼 제대로의 상태이고 예정된 것이다. 이 사실은 질병, 죽음, 중상, 어리석은 사람들을 즐겁게 하거나 괴롭히는 모든 다른 것들도 마찬가지이다.

45. 뒤에 오는 것은 앞선 것에 언제나 잘 연결된다. 이 연결은 다만 연속의 법칙에 따르는 분리된 사건들의 진행이 아니라 하나의

---

8 이 말은 에픽테토스의 남아 있는 어떤 작품에도 나타나지 않는다. 그러나 이 말은 스원번의 '프로세르티나송'이란 시에서 작은 육체의 작은 영혼은 사람의 시체를 짊어지고 있다는 시구에서 암시된 것 같다.

합리적인 연속성이다. 더욱이 이미 있는 모든 사물이 조화있게 조정되어 있는 것처럼 생겨나는 현장의 사물 모두는 연속성의 단순한 사실이 아니고 같은 연관의 경이를 나타내 보인다.

46. '흙이 죽으면 물이 되고, 물이 죽으면 공기가 되고, 공기에서 불이 생긴다. 이렇게 순환을 반복한다'고 한 헤라클레이토스의 말을 언제나 기억하라. '여행자는 그가 가고 있는 길이 어디에 이르게 되는지는 안중에 없고, 그의 사람들은 그들 자신의 가장 친밀한 친구들과 언제나 사이가 좋지 않고(우주를 지배하는 이성), 사람들이 날마다 이 사물과 마주치긴 하지만 사람들은 그것을 여전히 낯설어 보이게 된다'는 그의 이야기도 기억하라. 게다가 '우리들은 잠든 사람들처럼 행동하고 말해서는 안 되고'(왜냐하면 정말 사람들이 잠자며 행동하고 말한다고 자부하기 때문이다), '부모가 말한 대로 따르는 아이들처럼 말하고 행동해서도 안 된다.' 다시 말해서 전승되는 격언을 맹목적으로 믿고 행동하고 말해서는 안 된다.

47. 신이 당신에게 '내일이나 기껏해야 모레 당신은 죽을 것이다'고 말한다면, 가장 비천한 사람이 아닌 한 당신은 죽는 것이 내일이 아니고 더 나중인지 어떤지를 크게 걱정하지 않을 것이다 ― 그 차이가 얼마만큼이 될까? 이기 때문이다. 마찬가지로 죽음이

몇 년이고 더 후에 오든 내일 오든 그것을 매우 중요한 일로 생각하지 마라.

48. 병자들에 대해서 늘 눈살을 찌푸렸으나 지금은 죽고 없는 모든 의사들을 끊임없이 기억해두라. 매우 엄숙하게 손님들의 운명을 예언했으나 지금은 죽고 없는 점성술가들, 끝없이 죽음이나 불멸에 대해서 상세히 설명했으나 지금은 죽고 없는 철학자들, 그의 부하들을 많이 죽게 했으나 지금은 죽고 없는 훌륭한 지휘관들, 자신이 죽지 않는 신인 것처럼 매우 오만하게 생사의 권력을 휘둘렀으나 지금은 죽어버린 전제군주를 언제나 기억하고 있어라. 완전히 멸망해 버린 모든 도시들을, 이를 테면 헬리케, 폼페이, 헤르쿨라네움, 그리고 수없이 많은 도시들을 언제나 기억하라. 그렇게 한 다음에 당신 자신이 알고 있는 사람들 각자를 하나하나 다시 생각해 보라. 한 사람이 다른 사람을 묻어주고 그 사람 자신이 사체가 되고 또 다른 사람이 그를 묻어준다. 이 모두가 짧은 시간에 이루어진다. 요컨대 모든 인간 세상이 얼마나 덧없고 하찮은 것인가를 주시하라. 어제는 한 방울의 점액이었고, 내일은 한 줌의 재가 될 것이다. 그러므로 자연에 순응하여 이 세상의 덧없는 시간을 보내다가 올리브나무가 자기를 낳아준 지구를 축복하고 자기를 키워준 나무에게 감사하면서 계절에 맞추어 떨어지듯이 쾌히 영면하라.

49. 파도가 몇 번이고 밀려와 부딪쳐 깨어지는 갑과 같아라. 갑은 확고히 버티고 서 있고 곧 갑을 둘러싼 파도물의 법석은 다시 한 번 잠잠해진다. '정말 나는 불행하기도 하다. 이런 일이 꼭 나에게 닥쳐와야만 했는가!' 라고 결코 말하지 말고 차라리 '정말 나는 운이 좋다. 이 일이 괴로움 없이 나에게서 떠나갔고, 현재 흔들리지 않고, 미래도 겁내지 않는다' 라고 말하라. 이런 일은 어느 누구에게도 일어날 수 있다. 그러나 모든 사람은 고통에서 벗어나려고 도리어 행운으로 돌리는가? 어떤 것이 사람의 본성에 위배될 수 있을까? 그럼, 당신은 본성의 의지를 알고 있다. 이미 일어난 일은 사람의 본성이 실현하는 공정하고, 관대하고, 절제하고, 분별있고, 신중하고, 정직하고, 자존심 있고, 자주적이고, 그밖의 모든 것으로 당신을 방해하는가? 어떤 일이 당신을 번뇌에 시달리게 한다고 생각이 들 때 바로 기억해 두어야 할 규칙이 있다. '이것은 불문이다' 가 아니고 '이것을 훌륭하게 견디어 내는 것은 행운이다' 이다.

50. 격이 낮고 속되지만, 삶에 몹시 집착하는 사람들을 생각해 보는 것은 죽음을 경멸하는 데에는 효과적인 도움이 된다. 그들은 젊어서 죽은 사람들보다 어떤 이익을 더 많이 얻겠는가? 모든 경우에 언젠가 어디엔가에 지구는 그들 모두를 덮어 가릴 것이다. 카디시아누스, 파비우스, 레피두스, 율리아누스, 그리고 그 밖의 사

람들은 많은 사람들을 묻어주고 결국 그들 자신들도 묻혔다. 요컨대 그들이 누렸던 삶의 기간은 짧았다. 그러나 그들은 이런 상태로, 이들 관계자들과 함께, 그리고 매우 빈약한 육체로 이 기간을 질질 끌고 살았다. 그러므로 이 세상에 살아 있는 동안에 가치를 주지 마라. 삶의 뒤에 있는 무한의 시간과 바로 지금부터 앞으로 무한의 시간을 보라. 이런 무한의 시간에서 볼 때 타고난 수명을 다 살고 간 네스터는 삼일밖에 못 산 어떤 아이와 무슨 차이가 있겠는가?

51. 언제나 짧은 길을 택해 달려라. 그 짧은 길은 목표로서 각각의 말과 행동에 있어서 가장 건전한 자연의 길이다. 이러한 목적은 당신을 불안, 투쟁, 그리고 모든 타협과 술책에서 해방시켜 줄 것이다.

상상한 대지의 평화는 항상 너와 함께 있다는 사실을 명심하라. 지금 네가 살고 있는 곳이 산꼭대기이거나 바닷가, 또는 그 밖의 어떤 곳이든 아무 차이가 없다. 따라서 「성벽으로 둘러싸인 도시에 사는 것이나, 산 속의 목장에서 양떼와 함께 살아가는 목동이나 마찬가지이다.」라고 말한 플라톤의 뜻을 이해할 것이다.

— 체호프 / 러시아의 작가

MARCUS AURELIUS
MEDITAIONS

제 5 편

1. 아침에 일어나고 싶은 마음이 내키지 않을 때는 '나는 사람으로서 일을 하기 위해 일어나는 것이다' 라고 생각하라. 그것 때문에 나는 태어났고, 그것을 위해 이 세상에 보내졌다. 나는 그 일을 수행하는 것을 불평할 필요가 있을까? 이불 밑에 누워 몸을 따뜻하게 하는 것이 내가 창조된 목적일까? '그렇지만 말이야, 그것이 훨씬 더 유쾌하다!' 그러면 당신이 태어난 것은 쾌락을 위해서였고, 일을 위해서가 아니었고, 노력을 위해서가 아니었는가? 식물들, 참새들, 개미들, 거미들, 벌들, 모두가 자신의 일들에 바쁘고, 각자가 분명한 세계 질서를 위해 자신의 본분을 다하는 것을 보라. 그런데 당신은 조물주의 명령을 재촉하여 실행하지 않고 그 일의 사람 몫을 거부할 것인가? 참 그래, 그렇지만 사람은 휴식도 가져야

한다!' 그렇다. 그러나 휴식은 먹고 마시는 것과 같은 방법으로 자연에 의해 정해진 한계가 있다. 그런데 당신은 그 한계를 넘고, 당신은 충분한 상태의 한계점도 넘고 있다. 게다가 또 한편으로는 행동이 문제될 때, 당신은 당신이 성취할 수 있는 것을 하지 않는다.

정말 당신은 자신을 사랑하지 않는다. 당신이 사랑한다면 당신은 당신의 본성과 당신 본성의 의지를 사랑할 것이다. 자기의 일을 사랑하는 장인들은 세수도 하지 않고, 먹지도 않고 그 일을 애써 하면서 정력이 다할 것이다. 그러나 당신은 조각사가 조각술을 중요하게 여기고, 무희가 춤추는 것을 중요하게 여기고, 수전노가 돈을 중요하게 여기고, 또는 허영심 많은 사람이 그의 화려한 순간을 중요하게 여기는 정도로도 당신의 본성을 중요하게 여기지 않는다. 이런 사람들의 마음이 선택된 일에 열중할 때, 그들은 그 일을 진행하기 위해 먹지도 않고 잠도 자지 않는다. 당신의 눈에 공동체에 봉사하는 것은 가치성 낮고 노력을 기울일 만한 가치가 없는 것인가?

2. 오, 귀찮게 밀려들어오는 모든 생각들을 털어버리고, 망각에 묻어버릴 수 있는 위안이 있고 곧 마음이 편안해질 수 있으면 좋겠다!

3. 자연과 조화하는 어떤 행위나 말을 위해 당신의 권리를 뒤로 미루어 두어라. 후에 일어날지도 모르는 비판이나 의견의 말에 주저하지 마라. 행위나 말에 선량한 것이 있다면, 그것에 대한 당신의 권리를 결코 포기하지 마라. 당신을 비판하는 말이나 의견의 말에 주저하지 마라. 행위나 말에 선량한 것이 있다면, 그것에 대한 당신의 권리를 결코 포기하지 마라. 당신을 비판하는 사람들은 그들을 이끄는 그들 자신의 이유를 가지고 있고, 그들을 격려하여 힘을 내게 하는 추진력을 가지고 있다. 당신은 당신의 주의를 그들에게 돌리지 않아야 한다. 그러나 똑바로 나가 당신 자신의 본성과 세계 본성을 따르라. 그러면 이 두 갈래 길은 하나가 된다.

4. 나는 자연의 길들을 따라 나아가다가 결국 누워 영원히 잠든다. 나는 나의 마지막 호흡을 날마다 호흡하는 공기로 다시 돌려주고, 나의 아버지가 씨앗을 얻었고, 나의 어머니가 피를 얻었고, 나의 유모가 나의 생명의 젖을 얻었던 대지 — 오랜 세월 동안 매일의 음식과 음료를 공급받았고, 매우 한탄스럽게도 학대했는데도 불구하고 여전히 내가 그 위를 밟고 다니게 내버려둔 대지 — 의 품으로 돌아간다.

5. 당신은 결코 놀랄 만한 재주가 있다고 하지 않을 것이다. 그렇

다면 좋다. '나는 그런 소질을 지니고 있지 않습니다' 라고 당신이 말할 수 없는 다른 자질들이 여전히 많이 있다. 그러므로 그런 자질들이 당신의 능력 안에 완전히 있기 때문에 그런 자질들을 길러 내라. 이를 테면, 진실성, 위엄, 근면, 절제를 길러라. 불평을 하지 마라. 소박하고, 인정심 많고, 솔직하라. 거동과 말에 온화하라. 권위를 가지고 행동하라. 바로 지금 당신의 것일 수 있는 자질들이 얼마나 많이 있는가를 살펴보아라. 당신은 이런 자질들을 타고난 무능이라거나 부적당한 것이라는 구실을 내세울 수 없을 것이다. 그런데도 당신은 조금 높은 정도에서 꾸물거리는 것이 좋다고 결정했다. 더구나 그렇게 결정한 것은 당신에게 불평하는데, 인색하는데, 신물 나도록 아첨하는데, 건강하지 못한 것을 핑계삼는데, 비굴하는데, 허풍떠는데, 계속해서 한 마음가짐에서 다른 마음가짐으로 바꾸는데 필요한 타고난 재주들 중 어떤 것이 부족하기 때문인가? 확실히 대개의 사람들은 그렇지 않다. 당신은 오래 전에 이 모든 것들에서 벗어날 수 있었을 것이고 이해력이 조금 느리고 둔한 상태로 있을 수 있었을 것이다 — 이 점조차도 당신이 그것을 얕보지 않거나 당신 자신의 둔함을 즐기지 않는 한, 당신은 연습으로 바로 잡을 수 있다.

6. 어떤 사람이 당신에게 봉사해 준다면 그 봉사를 공적으로 여

러 사람에게 주저하지 않고 터놓고 말하는 유형의 사람이 있다. 그렇게까지 하지 않더라도, 다른 유형의 사람은 당신을 마음속으로 그의 신세를 진 사람으로 여기며 그가 했던 것을 모두 생각하고 있다. 그러나 거의 말할 수 있을지도 모르지만 그가 했던 일을 전혀 생각하지 않는 사람도 있다. 그는 포도송이가 생기게 하여 제대로 된 열매가 되게 하는 포도나무와 같고, 경주에서 달렸던 말이나 사냥물의 뒤를 쫓았던 사냥개나 꿀을 모은 꿀벌과 같이 고맙다는 인사를 기다리지 않는다. 그것들처럼 참으로 선행을 한 사람은 그 선행을 소리내어 외치지 않는다. 그러나 그는 포도나무가 다음 여름철에 다시 열매를 맺듯이 곧장 다음 선행을 한다.

'그러면 당신의 말을 따라 우리들은 무의식적으로 행동하는 일들로 우리 자신들을 평가해야 하는가?' 그렇다. 그러나 우리들은 의식적으로 그렇게 해야 한다. 왜냐하면 흔히들 말하듯이 그의 행동들이 사회적이라는 의식은 사회적 존재의 특성이기 때문이다. 그러나 확실히 사회 그 자체가 마찬가지로 그것을 알아주어야 한다고 바라는 것은 사회적 존재의 특성인가? 확실히 그렇다. 그러나 당신은 그 경구의 의미를 이해하지 못하고 있다. 그렇기 때문에 당신은 당신 자신을 방금 말한 사람들과 같은 부류로 끼워 넣고 있다. 앞에서 말한 사람들도 마찬가지로 허울 좋은 이유로 잘못 이끌려지고 있다. 그 경구의 참된 의미를 파악하라. 그러면 당신은 그 경구 때문에 당신이 어떤 사회적 의무를 소홀히 하게 되지 않을까 하고 두려워할 필요가 없다.

7. '사랑하는 제우스여, 아테네의 들과 평야에 비를 내려 주소서. 비를 내려주소서' 라고 아테네 사람들은 기도를 드린다. 기도가 전혀 드려지지 않아야 한다. 기도가 드려져야 한다면 기도는 단순하고 솔직하게 드려져야 한다.

8. 의술의 신 '애스쿨라피우스'가 어떤 사람에게는 승마를, 어떤 사람에게는 냉수욕을, 어떤 사람에게는 맨발로 다니는 것을 처방했다' 고 사람들이 말하듯이 똑같은 방법으로 세계의 본성은 어떤 사람들에게는 질병을, 어떤 사람에게는 수족의 절단을, 어떤 사람에게는 재산의 손실을, 어떤 사람에게는 어떤 다른 무능력을 처방한다. 앞에 말한 것의 경우에 처방은 환자의 건강을 위한 특별한 치료법을 지시한 것을 의미한다. 뒤에 말한 것의 경우에도 마찬가

---

1 애스쿨라피우스는 여기서 마르쿠스가 어떤 의료자문 의사를 의미한다. 본래 애스쿨라피우스는 트로이에서 그리스군의 두 의사 마카온(Machaon)과 포달리리우스(Podalirius)의 아버지였던 '우수한 의사' 로만 호머가 말했다. 다음 시대에 그는 치료 기술을 관장하고 온 그리스의 그의 전당에서 숭배받으면서 신격의 지위로 보이게 된다. 뱀은 어디에서나 애스쿨라피우스의 예찬과 관련되었다(뱀의 주기적인 허물벗는 것은 새로워진 건강과 활력의 적절한 상징으로 여겨지게 되었다). 뱀이 휘감고 있는 지팡이의 상징은 처방의 상좌에 있는 의사에게 사용되었다. 오늘날에 군 의료군단의 배지로 사용되고 있다.

지로 우리의 운명을 위하여 몇 가지 발생될 특별한 사건들이 지시되었다. 석공들이 벽이나 피라밋을 쌓으면서 네모의 돌들이 꼭 들어맞아 하나의 완전한 전체를 이루었을 때 서로 잘 '맞는다' 라고 말하는 것과 같은 의미로 우리는 실제로 이런 불행한 일들과 '들어맞다' 고 한다. 이런 서로의 통합은 보편적인 원칙이다. 헤아릴 수 없는 많은 개체들이 세계인 하나의 개체로 결합되듯이 헤아릴 수 없는 많은 원인들은 운명인 하나의 원인으로 결합된다. 평범한 사람들이 '그 일이 그에게 일어났구나' 라고 말할 때 그들까지도 이런 사실을 이해하고 있다. 실로 그 일이 일어났다. 다시 말해서, 그 일은 그에게 처방되어졌다. 그렇다면 우리가 애스쿨라피우스의 처방을 받아들이는 것처럼 그런 일들을 받아들이자. 그 처방들 중에는 가끔 고통스러운 것도 있지만 우리는 건강을 기대하여 기꺼이 그 처방들을 받아들인다. 자연의 법령을 실행하고 성취하는 것은 우리가 우리의 신체 건강을 관찰하는 것과 같은 방법으로 관찰되어져야 한다. 일어나는 일이 불쾌하더라도 언제나 그것을 기꺼이 받아들여라. 왜냐하면 그 일은 우주의 건강, 그리고 개인의 안녕과 덕행에 소용되기 때문이다. 그것이 우주 전체의 이익을 위한 것이 아니었다면 우주는 결코 개인에게 그 일을 일으키지 않았을 것이다. 특별히 자연을 위하여 계획되어진 것이 아니면 자연의 관리 아래 있는 개인에게 어떤 일도 일으키지 않는 것은 자연의 방침이다.

그래서 당신이 당신에게 일어난 것을 기꺼이 받아들여야 하는 이유는 두 가지가 있다. 첫째로 그것은 당신 자신에게 일어나고, 당신 자신을 위하여 처방되어졌고, 당신 자신에게 관계되어 있고, 태초의 온갖 원인들 중의 하나였기 때문이다. 둘째로 모든 개인에게 내려준 것은 우주를 지배하는 힘의 번영, 성취 원인들 중 하나이며, 생존 원인의 하나이기 때문이다. 연속적인 연결에서 작은 부분이라도 어떤 부분을 끊어버리는 것은 — 원인의 어떤 부분이든 어떤 다른 요소들의 부분이든 — 전체에 상처를 입힌다. 그럼에도 당신이 참다 못해 불만을 터뜨린다면, 당신 자신의 능력이 미치는 범위에서 당신은 바로 그런 파손과 분열을 일으키게 된다.

9. 가끔 실행이 교훈에 미치지 못한다면 괴로워하지 말고, 낙담하지 말고, 자포자기하지 마라. 실패할 때마다 다시 시작하라. 사람이 행동해야 하는 대개의 경우에 대체로 당신이 행동할 수 있다면 감사하라. 그러나 당신이 다시 시작하는 학문분야를 진심으로 좋아하라. 선생님에 대한 학생의 마음으로 다시 당신의 철학으로 되돌아가지 마라. 그러나 눈병 난 사람이 달걀거즈 안약을 다시 사용하듯이 다시 시작하라. 이렇게 하면, 당신이 이성에 순응하는 것은 공개적으로 드러내는 것보다 개인의 위안에 문제가 되지 않을 것이다. 철학이 당신 자신의 본성이 바라는 것만을 바라는 한, 당

신 자신이 본성과 일치하지 않는 다른 어떤 것을 바라고 있었다는 것을 기억해두라. '그렇다. 그러나 어떤 다른 것이 더 마음에 들 수 있었을까?' — 그것은 쾌락으로 꾀어내어 당신을 속이려는 것이 아닐까? 더욱더 깊이 생각해 보라. 정신의 숭고함이 더 마음에 들지 않았을까? 정직, 검소, 친절, 그리고 충성심이 더 마음에 들지 않았을까? 그 뿐만 아니라, 당신이 추리와 인식의 과장이 작용하는 정확성과 순조로움을 깊이 생각해 본다면, 지력의 발휘보다 더 마음에 드는 어떤 것이 있을 수 있었을까?

10. 진리에 관해서는 그것은 많은 훌륭한 철학자들[2]이 확실히 알 수 없다고 주장할 만큼 비밀스럽게 가려져 분명하지 않다. 스토아 학파의 철학자들까지도 진리를 알려고 하면 우리의 지적인 결정이 틀리기 쉬우므로 우리가 많은 어려움에 시달리게 된다는 것을 인정한다. 왜냐하면 '전혀 틀림이 없는 사람이 어디에 있겠는가?' 이기 때문이다. 아니 이 사실에서 더 물질적인 사실들로 생각을 돌려 보라. 이것들은 얼마나 덧없고, 얼마나 쓸모없는 것인가! — 이것들은 모든 탕아, 모든 행실이 나쁜 여자, 그리고 모든 범죄자들도

---

2 이것은 소위 '회의론자', 또는 철학의 피론학파 사람들을 가리킨다. 이 학파는 피론이 창시했다. 그들은 우리의 지각이 우리에게 사물을 보이는 대로 보여줄 뿐이며, 실상은 보여주지 않는다고 주장했다. 그러므로 판단의 유보가 어떤 것에 대한 유일한 바른 자세라고 그들은 말한다.

쉽게 가질 수 있다. 또 당신 자신이 사귀는 사람들의 품성을 살펴보라. 그들 중 가장 마음에 드는 사람까지도 지긋이 참고 견디기가 어렵다. 사실 그 일이라면 자기 자신의 자아도 참고 견디는 것은 매우 어렵다. 그러므로 암흑과 곤경 속에서, 생존과 시간 속에서, 강요된 변화와 참고 견디어진 변화 속에서 나는 높이 평가되거나 진지하게 탐구되어질 가치가 있는 것을 아무것도 생각할 수 없다. 아니다. 사람이 해야 하는 것은 용기를 내어 자연의 해소를 조용히 기다리는 것이다. 그 사이에 자연의 해소가 지체되는 것에 안달하지 않고 다음의 두 가지 생각에서 오직 위안을 찾는 것이다. 첫째로 자연에 맞지 않는 것은 아무 일도 우리에게 일어나지 않는다. 둘째로 성스러운 영혼의 뜻에 어긋나는 행동을 삼가하는 능력이 내 자신 안에 있다. 왜냐하면 나에게는 그러한 불복종을 강요할 수 있는 생존해 있는 사람은 아무도 없기 때문이다.

11. 나는 지금 내 영혼의 능력을 어디에 사용하고 있을까? 끊임없이 바로 이 순간에 당신 자신을 자세히 검사해 보고 '내 영혼의 능력은 사람들이 지배자의 직분이라고 하는 나의 그 직분과 어떻게 일치하는가?'를 물어보아라. 어린아이의 영혼인가? 젊은 청년의 영혼인가? 여성의 영혼인가? 폭군의 영혼인가? 또는 야수의 영혼인가?

12. 선에 대하여 세상에 널리 통하는 일반적인 생각은 이런 방법으로 검사되어질 수 있다.[3] 어떤 사람이 자기 생각으로 선이라고 인식한 것들이 신중함, 절제, 정의, 강직함과 같은 것이라면, 그 다음에 그런 선입관을 인정했다면, 그것에는 어떤 중심이 없기 때문에 그는 '그토록 많은 선'에 관한 이전의 농담을 이해하지 못할 것이다. 이와 반대로 그가 선을 구성하고 있는 것에 대한 세속적인 행각을 좋다고 여긴다면, 그는 즉시 농담이 적절한 것이라고 인정할 것이다. 요컨대 대부분의 사람들은 이 귀중한 생각을 헤아려 생각한다. 그래서 그들은 그 재치있는 말에 화를 낸 적이 없었거나 그 말을 듣는 것을 거절하지 않았을 것이다. 우리들이 그 말을 부, 또는 호화로움이나 명성에 이르게 하는 일을 말하는 것이라고 생각한다면, 정말로 우리들은 그 말을 적절하고 슬기로운 말이라고 받아들여야 한다. 그렇다면 이제 더 검토해 보자. 그것들에 대한 우리의 정신적 상황이 그렇게 많은 선의 소유자가 안심할 여유가 없다는 비웃음에 의미를 줄 정도라면 그것들을 중히 여기고 그것들을 선이라고 생각할지 어떤지를 당신 자신에게 물어보아라.

---

3 이 구절은 '선'이란 말의 뜻을 애매하게 돌리고 있다. 거리의 사람은 삶에서 진실한 '선'이라는 덕행보다는 선을 세속적으로 소유를 의미하는 것으로 알고 있다. 반대로 철학자에게는 이 말은 당연히 전자를 뜻하는 것으로 이해한다.

13. 나는 형태의 요소와 물질의 요소로 되어 있다. 이것들 중 어느 것도 무에서 존재하게 된 것이 아니므로 이것들 중 어느 것도 무로 소멸될 수 없다. 따라서 나의 모든 부분은 언젠가 개조되어질 것이다. 그것은 다음에는 또 다른 부분으로 다시 변화되고, 앞으로도 무한히 변화될 것이다. 그것은 내 자신이 생기게 한 같은 작용이고, 나 이전의 부모가 생기게 한 같은 작용이고, 다시 내 뒤로도 무한히 생겨나게 할 같은 작용이다.(세상이 하나의 한정된 주기에 관리되어진다 해도 '무한히' 라는 말은 사라져 없어지지 않을 수 있다.)

14. 이성, 그것도 추리 행동은 본질적으로도 능력의 작용 방법에서도 자급 자족의 능력이 있다. 그것은 능력들이 최초의 힘을 얻는 능력들 자신 안에 있는 근원에서 온다. 그래서 그 능력은 능력 자신이 혼자 정한 목표로 향해 똑바로 나아간다. 따라서 이와 같은 행동은 능력이 따르는 정도를 벗어나지 않는 노선에 관해서 '똑바른' 이라는 명칭을 받았다.

15. 어떤 것이든 사람으로서 사람에게 속하지 않는다면, 그것은 당연히 사람의 것이라고 할 수 없다. 그것은 사람에게 하라고 시킬 수 없는 것이다. 왜냐하면 사람의 본성이 그것을 약속하지도 않고,

그것이 사람의 본성을 완성시키지도 않기 때문이다. 그러므로 그것은 살아 있는 동안에 사람의 주요한 목적이 될 수도 없고, 그 목적의 방법이나 도구인 '선' 조차도 될 수 없다. 더욱이 사람 본성의 천성에 그러한 것이 들어가 있었다면, 사람 본성의 천성은 그것을 경멸하고 거절할 수 없었을 것이다. 그것 없이 할 수 있는 능력은 칭찬할 어떤 원인도 될 수 없을 것이고, 그것이 실제로 선이라 해도 그것을 충분히 나누어 가지는 것은 선에 적합한 것이라고 주장하지도 못할 것이다. 그러나 실제로는 사람이 그런 것을 자제하면 할수록, 또는 자제받게 되면 될수록 사람은 점점 더 선해진다.

16. 당신의 정신성향은 정신성향의 습성적인 생각과 같을 것이다. 왜냐하면 정신은 그 습성적인 생각의 색에 물들여지기 때문이다. 그러므로 다음의 예와 같은 생각의 맥락에 정신을 흠뻑 적시어 보라. 어쨌든 생활을 할 수 있는 어느 곳에서나 올바른 생활은 실현될 수 있다. 궁전에서도 생활을 할 수 있다. 그래서 궁전에서조차도 올바른 생활은 실현될 수 있다.[4] 또한 다음과 같이 다시 생각해 보라. 겉으로 나타나지 않고 안에 들어 있는 각각의 사물이 만들어진 목적은 각 사물의 발전을 결정한다. 그 발전은 마지막의 상

---

[4] 매슈 아놀드는 이 말에서 '궁중에서도 생활이 올바르게 살게 될 수도 있다' 라고 시작되는 그의 소네트(14행시)에 대한 영감을 얻었다.

태에 향해 있다. 그 마지막의 상태는 각 사물의 주요한 이익과 좋은 일의 실마리를 준다. 그러므로 이성적 존재의 주요한 좋은 일은 그의 이웃사람과의 친교이다 — 왜냐하면 친교는 겉으로 드러나지 않고 안에 들어 있는 우리가 창조된 목적이라는 것이 오래 전에 분명히 밝혀졌기 때문이다. (열등한 사람이 우수한 사람을 위해 존재하는 한 우수한 사람은 서로를 위해 존재하는 것일까는 명백한 사실이다. 그래서 생명을 지닌 것이 생명 지니지 않은 것보다 우수하는 한 이성적인 존재는 역시 우월하다.)

17. 도달하기 어려운 것을 추구하는 것은 미친 짓이다. 그러나 분별이 없는 사람은 그와 같은 일을 하는 것을 결코 자제할 수 없다.

18. 본성이 견디어낼 능력을 가지고 있지 않은 어느 누구에게나 아무 일도 일어날 수 없다. 당신 이웃 사람의 경험은 당신 자신의 경험과 다르지 않다. 일어난 일을 모르거나 그의 기질을 보다 더 보여주고 싶기 때문에 그 사람은 굳건히 견디어 굴복하지 않는다. 그런 무지와 허영심이 지혜보다 더 강하다니, 부끄럽다.

19. 외부의 사물들은 영혼과 조금도 접촉할 수 없다. 외부의 사

물들은 영혼 안으로 들어가는 길을 모른다. 외부의 사물들은 영혼을 다른 방향으로 돌리거나 움직이게 할 수 있는 능력이 없다. 홀로 영혼은 자기 자신을 전환시키고 움직인다. 영혼은 자기 자신의 판단 기준이 있다. 이 판단 기준에 따라 영혼은 모든 경험에 적응한다.

20. 내가 같은 인간들에게 선을 행해야 하고 그들을 견디어내야 하므로 어느 정도 인간은 나와 매우 긴밀하게 관계된다. 이와 반대로 개개의 사람들이 나의 본래의 행위들을 방해하는 만큼 인간은 해, 바람, 또는 야수와 같이 나에게 무관심한 것이 된다. 참으로 남들이 어떤 활동에서 행동을 방해할지도 모른다. 그러나 그들은 나의 의지도 내 정신의 기질도 방해할 수 없다. 왜냐하면 나의 의지나 정신의 기질은 언제나 여러 가지 조건으로 그것들 자신을 보호하고 환경에 적응시키기 때문이다. 정신은 행동을 막는 모든 장애물을 앞질러 처리하여 그것에게 도움이 되는 것으로 돌려 놓는다. 그리하여 그 정신 작용의 어떤 방해물이든 도와주는 것이 된다. 길을 가로막는 장애물은 앞으로 나아가게 하는 것이 된다.

21. 우주에서 가장 고귀한 것을 섬겨라. 다시 말하면 그것은 다른 모든 것이 섬기는 것이고 모든 것이 자기 뜻에 따르게 하는 것

이다. 그와 같이 당신 자신에게 있어서도 가장 고귀한 것을 섬겨라. 그것은 우주의 것과 같은 종류의 것이다. 왜냐하면 당신 자신 안에 서로 그것은 모든 그 밖의 것들이 섬기는 것이고, 그것이 당신의 삶을 지도하기 때문이다.

22. 국가에 해가 되지 않는 것은 국민을 해치지 않는다. 해를 입을 수 있다고 상상되는 모든 경우에 '국가가 해를 입지 않는다면, 나도 해를 입지 않는다'는 법칙을 적용하라. 그러나 국가가 정말 해를 입더라도 해를 입힌 자에게 몹시 화를 내지 마라. 그의 환상이 어떤 점에서 그의 기대를 어겼는지 깨닫게 하라.

23. 모든 현존하는 사물이나 새로 생기는 사물이 얼마나 빠르게 우리 곁을 스쳐 지나가거나 휩쓸어 가는지 종종 생각해 보아라. 존재의 거대한 강은 끊임없이 흐른다. 그것의 활동은 언제나 변화하고, 그것의 원인은 한없이 변화하고, 정지하고 있는 것은 하나도 없다. 그런데 앞뒤로 뻗어 있는 무한은 언제나 가까이에서는 아련히 나타난다 — 모든 사물이 보이지 않는 심연이다. 이런 상태에서 사람의 괴로운 시간이 영원히 계속 될 것처럼 사람은 어리석게도 숨을 몰아쉬고, 노발대발하고, 초조해 한다.

24. 존재 전체를 생각해 보라. 당신의 존재는 존재 전체의 작은 부분이다. 모든 시간을 생각해 보라. 당신 자신에게 할당된 시간은 모든 시간 중에서 빠르게 지나가는 짧은 순간이다. 운명을 생각해 보라. 당신은 운명의 참으로 미미한 부분이다.

25. 어떤 사람이 나에게 잘못을 저지르고 있는가? 그 사람 자신에게 그것을 생각해 보게 하라. 그의 성질과 그의 행동은 그 사람 자신의 것이다. 나는 어떠냐면, 나는 세계의 본성이 나에게 받기를 바라는 것을 받고, 내 자신의 본성이 나에게 행동하기를 바라는 대로 행동하고 있을 뿐이다.

26. 육체의 감정이 고통스럽든 기쁘든, 그것이 영혼의 가장 중요한 부분에 영향을 주지 않도록 하라. 영혼이 육체의 감정에 휩쓸리지 않도록 주의하라. 영혼은 영혼 자신의 영역으로 한도를 정해야 하고, 감정을 육체의 적당한 감정 범위로 한정해야 한다. (어떤 하나가 되어버린 유기체에 스며드는 공감으로) 육체의 감정이 정신에 퍼진다면, 육체의 감각을 받아들이지 않고 밀어 내치려고 할 필요가 없다. 다만, 지배의 기능을 가진 이성은 육체 감정의 선이나 악에 대한 억측을 덧붙이는 일이 없도록 해야 한다.

27. 신들과 함께 살아라. 신들과 함께 산다는 것은 영혼이 신들이 주는 것에 만족하고, 제우스신이 모든 사람에게 사람의 최고 절대권을 가진 자와 인도자로 — 마음과 이성으로 — 주었던 영혼 안의 신성이 이루려는 마음을 완전히 이행하는 것을 신들에게 보여주는 것이다.

28. 겨드랑이에서 고약한 냄새가 나고 입내가 나는 사람에게 당신은 화를 내는가? 화를 내는 것이 당신에게 무슨 도움이 되겠는가? 그 사람이 가지고 있는 입과 겨드랑이가 주어진다면, 그런 조건은 당연히 그런 냄새가 풍긴다. '그러나 그 사람이 이성을 타고 났으므로 그는 불쾌한 것을 충분히 이해할 수 있을 것이다.' 좋다. 그러나 당신 자신도 이성을 타고 났다. 그러므로 당신의 이성적인 능력을 같은 이성적인 능력으로 그를 움직이도록 사용하라. 상세히 설명해 주고 훈계하라. 그 사람이 당신의 말에 귀를 기울인다면, 당신은 바로 잡는 일을 일으킬 것이고, 격렬한 감정을 드러낼 필요가 없을 것이다. 배우들과 매춘부에게 그것을 그만두게 하라.

29. 당신이 내세에서 살고 싶다고 생각하는 대로 당신은 이 세상에서도 살 수 있다. 그러나 사람들이 당신에게 그렇게 살도록 해주지 않는다면, 그땐 이 세상의 삶을 버려라. 어떤 박해를 받았다는

생각을 갖지 말고 버려라. '집에 연기가 자욱하여 나는 밖으로 나간다'라고 여겨라. 그것을 매우 귀찮아할 필요가 없다. 그렇지만 그런 종류의 아무것도 어쩔 수 없이 나를 떠나지 못하게 하는 한 나 자신의 주인인 나는 이 세상에 남아 있다. 아무도 내가 결정한 것을 하는 것을 방해하지 못할 것이다 — 그런데 내가 결정한 것은 본성이 사회 공동체의 이성적인 구성원에게 요구하는 평생을 사는 것이다.

30. 우주의 정신은 사회적이다. 여하튼 우주의 정신은 더 높은 존재 형식을 섬기도록 더 낮은 존재 형식을 만들어냈고, 서로 의지하여 더 높은 존재 형식을 연관시킨다. 어떻게 종속되는 존재 형식이 있게 되고 어떻게 연결되는 존재 형식이 있는가를 관찰해 보라. 각기 모두 그들의 적절한 가치를 부여 받았고 그들 사이에 보다 더 뛰어난 것은 서로 조화하여 결합된다.

31. 당신은 지금까지 신들에 대해, 당신의 부모에 대해, 당신의 형제들에 대해, 당신의 아내에 대해, 당신의 자녀들에 대해, 당신의 스승에 대해, 당신의 가정교사에 대해, 당신의 친구에 대해, 당신의 친척들에 대해, 당신의 하인에 대해 어떻게 처신해 왔는가? 이런 모든 관계에서 지금까지 당신은 '어느 한 사람에게도 사나운

말을 한 적이 없고, 부정한 행위를 한 적이 없다'는 시인의 시구를 정정당당히 되풀이하여 대답할 수 있는가?[5] 당신이 경험해 왔던 모든 것, 그리고 당신이 참아낼 수 있었던 모든 것을 다시 생각하여 보라. 당신의 생활 이야기는 끝났고 당신의 수고도 끝났다는 것을 생각해 보라. 당신이 보아왔던 모든 아름다운 광경, 당신이 경멸해 왔던 쾌락과 고통들, 떳떳하지 않게 여겨왔던 많은 명예들, 헤아릴 수 없이 많은 사람들에게 보여주었던 많은 경의들을 돌이켜 생각해 보라.

32. 미숙하고 무지한 사람들의 영혼이 노련한 사람과 박식한 사람을 당황할 수 있게 하는 일이 어떻게 일어날까? 아, 그러나 노련한 사람과 박식한 사람은 정말로 어떤 영혼일까? 그 영혼은 시작과 끝을 알고, 영원히 일정한 주기에 따라 우주를 지배하고 모든 것에 고루 미치는 이성을 아는 그의 영혼이다.

33. 당신은 곧 재가 되고 해골이 될 것이다. 이름이 남을 것이다. 아마 이름조차 남지 않을지도 모른다 — 이름조차 공허한 소리이

---

[5] 호머의 오딧세이 4편을 보라.
[6] 헤시오도스(기원전 8세기경의 그리스 시인)의 시에서 말해졌다.
[7] 스토아학파의 신조에 따르면 사람의 영혼을 만들어내는 성스러운 불의 분자는 피로 육성된다.

고 복창일지도 모른다. 사람들이 현세에서 하기로 마음을 정한 모든 것은 공허하고, 부패하고, 가치가 없다. 사람들은 난투하는 강아지들이나 생글생글 웃었다가 금방 눈에 눈물이 글썽이는 싸우기 좋아하는 어린아이들과 같다. 믿음과 겸양, 정의와 진리는 널리 펼쳐진 대지로부터 올림퍼스로[6] 빨리 달려 올라간다. 그런데 당신을 이곳 대지에 계속 머물러 있게 하는 것은 무엇인가? 감각의 대상들은 변하기 쉽고 순간적인 것이고, 감각의 기관들은 둔하고 쉽게 판단을 그르치게 되고, 가엾은 영혼 자체는 피에서 증발된 증기에 지나지 않고,[7] 그런 상태에서 세상의 칭찬은 공허한 것이다. 그렇다면 어떻게 되는가? 마음을 다시 먹고, 종말이 소멸되거나 달라져 바뀌는 것이라 해도 종말을 기다려라. 그때가 올 때까지 필요한 것은 무엇이라고 당신은 생각하고 있는가? 물론, 신을 섬기고, 찬미하고, 사람들에게 선을 베풀고, 참고, 자제하고, 이 허약한 육체와 호흡의 한계를 넘어선 것은 무엇이든 당신의 것이 아니고, 당신의 능력 안에 들어 있지도 않는다는 것을 기억하는 것이다.

34. 꾸준히 나아갈 생각을 하고 행동하면서 똑바른 길로 나아가라. 그러면 당신의 생애는 평온하게 지나갈 것이다. 모든 이성적인 피조물의 영혼과 같이 사람의 영혼에는 신의 영혼과 같은 두 가지 사실이 있다. 그것은 결코 외부로부터 방해를 받지 않는다. 그 다

음에 그것의 선은 성질과 행동의 정의로 이루어져 있고, 거기에 모든 욕망을 제한하는 것으로 이루어져 있다.

35. 그 사실이 나의 과오가 아니고, 어떤 나의 과오로 일어나지도 않았다면, 사회가 그것으로 더 나빠지지 않는다면, 왜 그 사실은 더 나아간 생각을 하게 하는가? 그 사실이 어떻게 사회를 해칠 수 있을까?

36. 너무 경솔하게 첫 인상에 이끌리지 마라. 당신이 할 수 있는 한, 사람들이 할 가치가 있는 일을 하는 한, 어려울 때 그들에게 도움을 베풀어라. 그들이 무너지는 것이 도덕적으로 아무런 의미가 없다면, 당신은 그들이 실제로 손해를 입었다고 생각하지 않아야 한다. 왜냐하면 그것은 사실이 아니기 때문이다. 그런 경우에 오히려 그것이 하나의 장난감 팽이인 줄 알면서도 죽을 때 노예딸의 팽이를[8] 간절히 바라는 척했다는 노인 같아라.

당신이 연단에서 지지를 호소할 때, 친구여, 당신은 그 모든 것의 결정적인 가치를 잊고 있는가? '나는 안다. 그러나 이 사람들은 그

---

[8] 노인은 진심으로 팽이가 귀중하고 갖고 싶은 보물이라고 생각하고 있었던 어린아이에게 똑같이 생각하고 있는 척했다. 이런 방법으로 마르쿠스는 실제로 아무런 손상을 입지 않았다는 것을 알더라도 우리는 다른 사람들의 고난에 동정해야 한다고 말한다.

것을 중히 여긴다.' 그런데 그것은 그들의 어리석음을 함께 나누어 갖는데 당신을 옳다고 할까?

고독한 것이 전혀 문제될 것이 없이, 나는 언제나 행운아였다. 왜냐하면 행운아는 자신에게 행운의 좋은 선물을 — 좋은 성질, 좋은 충동, 그리고 좋은 행위의 좋은 선물을 — 준다.

행복을 잡는 유일한 방법은, 행복 자체를 인생의 목적으로 생각하지
않고, 다른 것을 인생의 목적으로 삼는 데 있다.
— 밀 / 영국의 경제학자

MARCUS AURELIUS
MEDITAIONS

제6편

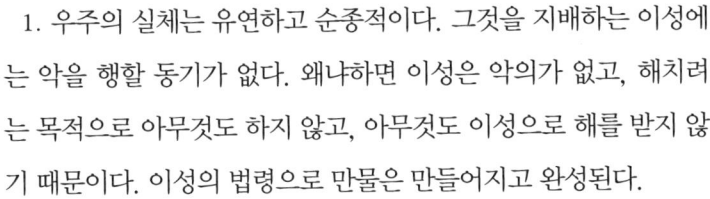

1. 우주의 실체는 유연하고 순종적이다. 그것을 지배하는 이성에는 악을 행할 동기가 없다. 왜냐하면 이성은 악의가 없고, 해치려는 목적으로 아무것도 하지 않고, 아무것도 이성으로 해를 받지 않기 때문이다. 이성의 법령으로 만물은 만들어지고 완성된다.

2. 당신이 올바른 일을 하고 있다면, 당신이 춥거나 따뜻하거나, 수면 부족을 느끼거나 충분한 수면으로 기분이 상쾌하든, 욕을 먹거나 칭찬을 받든, 죽음에 당면해 있거나 다른 어떤 일에 당면해 있든 걱정하지 마라. (왜냐하면 죽는 것조차도 살아가는 일의 일부분이고, 현재 일이 잘 되어가는 것을 살펴보는 것 이상은 우리에게 필요한 것이 아니기 때문이다.)

3. 내면을 보아라. 사물의 본질적인 자질이나 가치를 결코 보아 넘기지 마라.

4. 모든 사물은 빠르게 변화한다. (우주의 실체가 정말로 하나라고 한다면) 승화로든 그렇지 않으면 분산으로든 변화될 것이다.

5. 지배자 이성은 자신의 업무에 대한 주위 상황, 목적, 그리고 재료를 정확히 안다.

6. 가해자를 모방하지 않는 것이 가장 좋은 복수이다.

7. 언제나 신을 마음에 모시고, 하나의 사회에 대한 봉사에서 또 다른 사회에 대한 봉사로 넘어가더라도 당신의 일에 기뻐하고 기분을 상쾌하게 하라.

8. 우리의 주인인 이성은 자각하고 스스로 방향을 결정한다. 그것은 자기가 하려고 하는 대로 자신을 이루어 낼 뿐만 아니라 자기가 부닥치는 어느 일에든 자기가 좋아서 고른 견해대로 행한다.

9. 모든 사물들은 한 우주의 본성이 지휘하는 대로 완성된다. 왜

냐하면 외부로부터 우주의 본성을 내포하든지, 우주의 본성 안에 포함하고 있든지, 따로 존재하고 있어서 우주의 본성에서 독립되어 있든지 맞서는 본성이 없기 때문이다.

10. 세계는 되는 대로 결합되고 분산되어 있는 뒤범벅에 지나지 않든지, 그렇지 않으면 세계는 질서와 섭리의 단일체이다. 세계가 전자라면, 무엇 때문에 나는 그런 목적이 없고 무질서한 혼란 속에서 오래 살고 싶어할까, 무엇 때문에 나는 최후에 흙으로 돌아가는 사실외의 어떤 다른 것에 신경을 쓰는가, 도대체 무엇 때문에 나는 내 머리를 어지럽히고 있는가, 분산이 머지않아 나에게 틀림없이 덮쳐올 것이기 때문에 내가 하려고 하는 것을 해야 하는가? 그러나 반대의 것이 사실이라면 나는 지배하는 권능을 존중하고, 나는 확고히 지배하는 권능을 지지하고, 나는 지배하는 권능을 신뢰한다.

11. 환경의 힘이 당신의 평정을 어지럽힐 때 곧 당신의 자제심을 되찾아라. 당신이 자제할 수 있는 상황 이상으로 조화를 잃지 않도록 하라. 끊임없이 평소의 조화로 되돌아가면 당신은 조화에 익숙해질 것이다.

12. 당신에게 계모와 생모가 함께 있다면 당신은 계모에게 당신의 도리를 다할 것이다. 그러나 당신은 끊임없이 마음을 당신의 생모에게로 돌릴 것이다. 이제 당신은 궁전과 철학의 양쪽을 생각해 본다. 몇 번이고 기분을 상쾌하게 하기 위해 철학으로 되돌린다. 궁중 생활도 생활에서 당신 자신도 견딜 만할 것이다.

13. 고기와 다른 맛 좋은 음식이 당신 앞에 있다면 당신은 이런 생각을 하게 된다. 이것은 죽은 물고기이다. 또는 죽은 새이다. 또는 죽은 돼지이다. 이 팔레르노 백포도주는 포도송이에서 짜낸 약간의 즙이다. 나의 자줏빛 옷 역시 어떤 조개에서 얻은 약간의 피로 물들인 양의 털이다. 성교는 신체의 일부 기관들의 마찰이고, 사정의 방출이다. 이와 같은 생각들은 사물의 실질을 더듬어 찾고, 사물을 꿰뚫어보고, 사물의 참된 본성을 밝힌다. 똑같은 과정이 삶 전체에도 적용되어야 한다. 어떤 사물의 신임이 가장 바르고 참되다고 여겨질 때, 그 사물을 사실 그대로 파헤쳐서 그 사물을 고귀하게 보이게 하는 쓸데없는 과장의 가면을 그 사물에서 벗겨버려라. 허세 부리는 것은 교활한 사기꾼이며 당신의 일이 가장 가치있

---

1 이 언급은 알려지지 않았다.
2 기원전 4세기 말 테베의 퀴닉파 철학자이다.
3 기원전 4세기 그리스 플라톤학파 철학자이다.

는 것이라고 당신이 생각하는 것과 마찬가지로 망상적인 것이다. 크라테스가 크세노크라테스 자신에 관해서 말해야 했던 것을 주목하자.[1]

14. 일반 사람들은 그들의 칭찬을 주로 기본 질서의 사물들에 한정된다. 그것들은 자연의 생활 기능이 없는 것의 결합이나 과정만으로 존재한다. 이를 테면 목재와 돌이라는 사물이나 무화과나무, 포도나무, 그리고 올리브나무의 숲들이다. 어느 정도 더 높은 수준으로 교화된 이지의 사람은 양떼와 소떼 같은 생기 넘친 사물들에 관심을 가진다. 그 이상의 품위있는 단계는 이성적인 영혼의 칭찬을 받는다. 그러나 그 영혼은 보편적인 이성의 부분이라는 의미가 아니고 단순히 어떤 솜씨나 다른 그런 재능들의 일정한 기량을 가지고 있다는 것으로 ─ 또는 실로 다수의 노예들을 가지고 있다는 것으로도 ─ 이성적이라고 한다. 그러나 이성적이고, 보편적이고, 사회적인 영혼을 귀중히 여기는 사람은 다른 어느 것에도 관심을 가지지 않고 자기 영혼의 평정과 그 영혼의 모든 이성적이고 사회적인 활동을 유지하려고 노력할 뿐이고 이 목적을 위해 그의 동료들과 함께 노력한다. 크라테스[2]가 크세노크라테스[3] 자신에 관해서 말해야 했던 것을 주목하자.

15. 이떤 것은 생존하려고 서두르고 다른 어떤 것은 생존에서 벗어나려고 서두른다. 어떤 것이 생겨나고 있는 동안에도 그것의 어떤 부분은 이미 생존을 멈추게 된다. 끊임없는 시간의 흐름이 영원한 시간의 형세를 언제나 새롭게 하듯이 흐름과 변화는 우주의 구조를 언제나 새롭게 하고 있다. 머물 곳이 없는 굽이치는 흐름 속에서 서둘러 지나가는 그 많은 모든 사물들 가운데 사람이 소중히 할 것이 무엇이 있는가? 그것은 날아가는 어떤 참새에 애정을 품는 것과 같은 것인데, 바로 그 순간에 그 새는 시야를 벗어나 버린다. 사람의 삶은 단지 공기를 들이마시는 것과 피를 내뿜는 것일 뿐이다.[4] 그러므로 우리가 순간마다 하는 것과 같이 한 번 숨을 들이쉬었다가 다시 숨을 내쉬는 것과 당신이 태어난 바로 어제 했던 대로 호흡 능력을 받았다가 받아들였던 근원으로 언젠가 그것을 다시 되돌려주는 것의 진정한 차이는 없다.

16. 발산은 높이 평가되어질 일이 아니다. 우리는 그것을 식물과 함께 공유하고 있다. 호흡 작용도 높이 평가되어질 일이 아니다. 우리는 그것을 들판과 숲의 짐승들과 함께 공유하고 있다. 감각의 지각 작용도, 욕구의 움직임도, 떼지어 살려는 본능도, 영양 섭취

---

4 5편 33번 주를 참조.

의 과정도 — 이것은 실제로 배설과 마찬가지로 훌륭하지 않다 — 높이 평가되어질 일이 아니다. 그렇다면 우리들은 무엇을 소중히 해야 할까? 박수 갈채를 받는 것일까? 아니다. 수다스런 칭찬하는 말도 아니다. 이것은 서민들이 할 수 있는 전부이다. 그래서 명예의 망상을 물리치면 높이 평가되어질 것으로 무엇이 남겠는가? 나의 생각으로는 이렇다. 그것은 활동과 정지에서 똑같이 본성의 상황에 따른 목적을 성취하는 것이다. 어쨌든 그것은 모든 단련과 모든 숙련의 목표이다. 왜냐하면 모든 재능이나 기술은 사물이 만들어진 목적에 적용하는 것을 목표 삼았기 때문이다. 포도나무를 관리하는 농부, 말을 조련하는 조련사, 개를 훈련시키는 개 사육사들 모두가 이 목적을 목표로 한다. 개별지도 교사와 교사의 노력도 똑같은 목적에 주의를 기울인다. 그래서 우리가 찾고 있는 목표가 여기에 있다. 일단 진심으로 이것을 당신 자신의 것으로 삼으라. 그러면 다른 목적이 당신의 마음을 끌지 못할 것이다. 당신이 품고 있는 다른 모든 야망을 버려라. 그렇지 않으면 당신은 결코 마음대로 하지 못할 것이고, 다른 사람들에게서 자주적이지 못하거나 결정에 견디어내지 못할 것이다. 당신은 당신에게서 그런 것들을 빼앗아갈지도 모르는 어느 누구든 시기하고, 질투하고, 의심하지 않을 수 없을 것이고, 당신이 소중히 여기는 것들을 가진 사람들에 대해 계략을 꾸미지 않을 수 없을 것이다. 그런 사실들이 없어서는 안 된다는 확신은 반드시 마음속에 혼란을 조장하고, 게다가 신들에 대해서 매우 자주 불평을 중얼거리기까지 하게 한다. 그러나 당신 자신의 이해를 중시하고 높이 평가하면 당신은 계속 마음이 편하고, 인류와 일치하고, 신들과 조화될 것이다. 좀더 정확히 말하면 당신은 기꺼이 신들이 베풀고 명령하는 것은 무엇이나 묵묵히 따를 것이다.

17. 우리의 위쪽, 아래쪽, 그리고 사방에서 원소들이 그것들의 방식으로 움직이고 있다. 그러나 미덕은 그런 동작을 모른다. 미덕은 한층 더 신성한 것이고, 알아볼 수 없는 길로 평온하게 나아간다.

18. 사람들의 행동 방식은 참으로 이상하다! 사람들은 바로 그들 사이에서 함께 산 같은 시기의 사람들을 칭찬하고 싶어하지 않는다. 그런데도 그들은 그들 스스로 아직 본 적도 없고 결코 보지 못할 후대의 칭찬을 매우 바란다. 그러나 이것은 그들이 선조들로부터 칭찬을 받지 못했다고 투덜대는 것과 거의 똑같다.

19. 어떤 일이 당신에게 어렵기 때문에 그 일에 인간의 능력이 미치지 못한다고 생각하지 마라. 그와 반대로 사람이 할 수 있고

타당한 어떤 것이 있다면 그것이 틀림없이 당신 자신의 능력 안에 들어 있다고 생각하라.

20. 연무장에서 어떤 상대가 그의 손톱으로 우리에게 깊은 상처를 입히거나 충돌하여 우리의 머리에 타박상을 입힐 때 우리들은 항의하지 않거나 화내지 않고, 우리들은 나중에라도 그에게 악의라도 있지 않나 의심하지 않는다. 그러나 우리들은 그를 경계한다. 그것은 적으로 생각해서나 의심해서가 아니고 악의 없이 거리를 두는 것이다. 그러므로 인생에서 평소에 그렇게 하라. 말하자면 경쟁상대인 사람들에게 많은 것들을 너그럽게 보아주자. 앞에서도 말했듯이 의심이나 악의가 없다면 우리는 단순히 피해줄 수 있다.

21. 누구라도 나의 생각이나 행동이 올바르지 못하다는 것을 지적하고 증명할 수 있다면 나는 기꺼이 바꿀 것이다. 나는 진리를 탐구한다. 그 진리는 결코 아무도 해치지 않는다. 해치는 것은 자기 망상과 무지에 머물러 있는 것일 뿐이다.

22. 나는 해야 할 나의 의무를 수행한다. 다른 아무것도 나를 괴롭히지 않는다. 왜냐하면, 그것은 무생물이며 이성이 없는 어떤 것이거나 현혹되고 진로를 모르는 어떤 사람이기 때문이다.

23. 이성이 없는 동물들과 대부분의 물질적 사물들에 대해서 관대하라. 당신은 이성을 가졌지만 그것들은 아무것도 가지고 있지 않다. 또 한편으로 인간들은 이성을 가지고 있다. 그러므로 그들을 동료의 한 사람으로 대우하라. 모든 일에서 신에게 도움을 부탁하라 — 그러나 당신의 기도가 긴 것에 관해 너무 주저하지 마라. 세 시간 정도를 들이는 기도는 충분할 것이다.

24. 죽을 때 마케도니아의 알렉산더 대왕과 소년 마부는 조금도 다르지 않았다. 양쪽은 같은 우주 생성의 원소로 받아들여졌거나 양쪽은 똑같이 원자들로 흩어져 버렸다.

25. 우리들 각각의 내부에서 같은 순간에 일어나고 있는 육체와 정신의 많은 일들을 생각해 보라. 그렇게 하면 대단히 많을 일들이 — 사실은 우리가 우주라고 부르는 이 거대한 전체에서 생긴 모든 것이 — 동시에 그 일들 속에 존재할 수 있다는 사실에 대해 당신은 놀라지 않을 것이다!

26. 당신이 안토니누스라는 이름의 철자를 말해달라는 요청을 받는다면, 당신은 목청껏 한 자 한 자를 고함쳐 말하겠는가? 그리하여 듣는 사람들이 화를 낸다면 당신 자신도 화를 낼 것인가? 도

리어 당신은 조용히 각각의 글자들을 하나씩 일일이 말해 주는 것을 계속하지 않을 것인가? 그럼 그때엔 인생에 있어서도 이와 마찬가지로 각 부분의 의무는 각기 다른 항목으로 구성되어져 있다는 것을 기억하라. 공연한 소란을 일으키지 말고 화를 내는 사람에게 화를 내지 말고 이런 것들의 각각에 세심하게 주의하라. 그리고 나서 당신의 정해진 임무를 질서 정연하게 완수하라.

27. 사람들이 그들의 관심사이고 이익이 된다고 생각하는 것을 추구하는 특권이 용납되지 않는 것은 정말 잔인하기도 하다! 그러나 당신이 그들의 비행으로 분노에 차 있을 때 어떤 의미에서는 이같은 추구는 바로 당신이 그들에게 용납되지 않을 것이다. 왜냐하면 결국 그들은 그들 자신의 관심사와 이익을 따르고 있을 뿐이기 때문이다. 당신은 그들이 잘못하고 있다고 말하는가? 그런데 화내지 말고 그들에게 그렇게 말하고 그것을 설명해 주라.

28. 죽음은 감각의 인상으로부터, 욕망의 충동으로부터, 사상의 회유로부터, 육체에 대한 봉사로부터 석방이다.

29. 육체가 아직 버티고 있는데 인생 행로에서 비틀거리는 것은 영혼에 부끄러운 일이다.

30. 황제의 생활을 너무 즐기거나 황제 의식에 너무 깊이 물들지 않도록 조심하라. 왜냐하면 이것은 쉽게 일어날 수 있기 때문이다. 계속 소박하고, 선하고, 순수하고, 진지하고, 정의와 신을 섬기는 자의 지지자가 되어라. 친절하고, 다정하고, 당신의 의무를 다하는 데 결연하라. 철학이 당신에게 요구하는 사람이 되도록 언제나 당신의 최선을 다하라. 신들을 숭배하고, 같은 인간들을 도와라. 인생은 짧다. 이 지상의 생활은 하나의 열매만을 — 내부로는 거룩하고 고결한 것과 외부로는 이기심이 없는 행위를 — 거두어들일 뿐이다. 모든 일들에서 안토니누스 황제의 제자로서 행동하라. 이성으로 행동을 살펴서 단속했던 그의 자세를, 모든 경우에 흔들림이 없었던 그의 냉정한 침착함을, 그의 거룩하고 고결했던 것을, 그의 차분한 용모를, 그의 상냥한 태도를, 그가 평판을 경멸했던 것을, 사실을 자세하고 깊게 알려고 했던 열성을 기억하라. 그가 어떤 문제를 간단히 처리하지 않고 철저히 조사하여 그 문제를 분명히 이해했던 것을, 그가 같은 방법으로 대꾸하지 않고 부당한 비난을 어떻게 참아냈는가를, 어떻게 그가 서두르지 않았으며 중상자들의 말에 귀를 기울이지 않았는가를, 그가 사람들과 행동들을 판단하는 일에서 빈틈이 없었지만 결코 비난하는 일이 없었던 것을, 전혀 소심하게 소문을 두려워 하지 않았고 궤변스럽지도 않았던 것을, 그가 거처, 의복, 식사, 그리고 시중받는 것과 같은 문제에서 완벽

하지 않아도 만족했던 것을, 매우 근면했고 매우 인내심이 강했던 것을, 검소한 일상의 식사로 그가 아침부터 저녁까지 정해진 시간 외엔 아무런 배설조차도 하지 않으면서 계속 일을 할 수 있었던 것을, 그 자신의 의견에 거리낌 없이 반대하는 것을 너그럽게 보아주고 잘못된 것을 고치어 잘 되게 하자는 것을, 어떤 넌지시 말해 주는 것이든 기꺼이 받아들이면서 얼마나 그가 그의 우정에 굳었으며 변함없이 오래 갔는가를, 미신에 빠지지 않고 그가 신들을 얼마나 숭배했는가를 기억하라. 여기 말한 것 모두를 기억하라. 그러면 당신 자신의 마지막 시간이 올 때 당신의 양심은 그의 것과 같이 깨끗할 수 있을 것이다.

31. 이제 당신의 건전한 의식을 되찾아라. 당신의 참된 자아를 일깨워라. 잠에서 깨어나라. 당신을 괴롭혔던 것들이 꿈에 지나지 않았던 것이었음을 알아보아라. 당신이 꿈에서 보았던 것처럼 이제는 당신의 깨어 있는 눈이 보는 것을 보아라.

32. 나는 육체와 영혼으로 이루어져 있다. 육체에서 모든 사물은 차별이 없다. 왜냐하면 육체는 차별을 할 수 없기 때문이다. 정신에서 차별할 수 있는 최고의 것들은 정신 자신의 활동인데, 정신이 행동 모두를 지배한다. 더욱이 그 행동들에 있어서도 정신의 유일

한 관심은 현재의 행동들에 있다. 일단 그 행동들이 과거의 것이 되었거나 아직 미래 속에 가만히 있을 때 즉시 그 행동 자체는 차별이 없게 된다.

33. 손과 발이 그것들 자신의 일을 하고 있는 한 손이나 발의 고통은 자연의 법칙에 어긋나는 것이 아니다. 마찬가지로 인간의 일을 하고 있는 한 고통은 인간의 본성에 어긋나는 것이 아니다. 고통이 본성과 일치한다면, 고통은 악일 수 없다.

34. 정말로 대단한 쾌락에서 강도들, 타락자들, 그리고 살인자들은 그들의 향락을 찾는구나!

35. 평범한 기술공들이 어떻게 미숙한 고용주의 소망을 어느 정도 충족시키는가를 유의하고, 그럼에도 불구하고 그들의 직업 규칙을 굳게 지키고 그 규칙들에서 벗어나지 않는 것을 유의하라. 건축가나 의사나 인간이 신들과 공유하고 있는 인간의 규범보다 그의 기술의 규범을 더 존중한다는 것은 통탄할 일이 아닐까?

36. 우주에서 아시아와 유럽은 두 개의 조그만 모퉁이들에 지나지 않고, 모든 해양의 물은 한 방울의 물에 지나지 않고, 아토스 산

은 조그만 흙더미에 지나지 않고, 방대한 시간은 영원 속의 바늘 끝에 지나지 않는다. 모든 것은 사소하고 변화가 많고, 소멸하기 쉽다. 모든 것은 하나의 근원에서, 직접적이든 파생적이든 우주의 최고 이성에서 생긴다. 사자의 벌린 입, 맹독, 그리고 가시덤불과 늪지대에 이르기까지 해치는 다른 모든 것들조차도 그 자체가 고상하고 아름다운 다른 어떤 것의 생산물이다. 그러므로 그것들을 당신이 존중하는 것에 맞지 않는 것이라고 생각하지 마라. 그러나 모든 존재의 원천은 하나라는 것을 기억하라.

37. 현재의 사물들을 보는 것은 지금 있는 모든 것을, 시간이 시작된 이후로 있어왔던 모든 것을, 그리고 세상의 마지막 날까지 있게 될 모든 것을 보는 것이다. 왜냐하면 모든 사물들은 한 종류이고 한 형태이기 때문이다.

38. 우주의 모든 사물들을 결합하는 결합력과 상호 의존 관계를 종종 생각해 보아라. 말하자면 모든 것은 섞어 짜여진다. 그 결과로 모든 것은 서로의 애정으로 연결된다. 왜냐하면 그것들의 순서 바른 연속이 긴장의 흐름과 모든 물체의 화합 작용으로 일으켜지기 때문이다.

39. 당신의 운명에 부여된 환경에 당신 자신을 적응하라. 운명이 당신을 에워싸게 했던 같은 인간들에게 참된 사랑을 보여주어라.

40. 도구, 기구, 또는 용품을 만든 사람이 함께 있지 않아도 그것이 만들어진 사용 목적으로 이용될 때 만사는 그것으로 순조롭다. 그러나 자연에 의해 이루어진 사물들에 있어서는 그것들을 만들었던 힘은 여전히 그것들 안에 있고 그것들 안에 살아남는다. 그러므로 더욱더 당신은 자연을 존경해야 하고 당신이 자연의 의지에 따라 살며 행동한다면 당신은 만사를 좋아하게 된다는 것을 확신해야 한다. 그것은 우주도 만사를 좋아하게 하는 방법이다.

41. 당신이 관리하지 못하는 어떤 것을 당신에게 유익하거나 해롭다고 생각한다면, 유익한 것을 놓치거나 해로운 것과 마주치는 우연한 사태는 당신이 신에게 불만을 품거나 당신의 실패나 불운의 원인이라고 알고 있거나 원인일지도 모른다고 의심되는 사람들에게 원한을 품게 한다. 우리들은 실제로 이런 종류의 것들에 중심을 두는 것으로 많은 부정을 범한다. 그러나 우리들의 선과 악에 대한 생각을 우리들 자신의 능력 안에 있는 것으로 엄격하게 한정할 때 신을 고발하거나 우리 자신들은 사람들과 불화할 아무런 이유가 남지 않는다.

42. 우리들 모두는 같은 목적을 위해 함께 일을 하고 있다. 우리들 중 어떤 사람들은 지식과 목적을 가지고 일을 하고, 또 어떤 사람들은 자기 자신들이 어떤 일을 하는지도 모르면서 (내 생각으로는 '자면서도 사람들이 일을 하고' 우주의 진행에서 그들에게 맡겨진 일을 한다고 헤라클레이토스가 말했듯이) 일을 한다. 사람들은 맡겨진 역할에 따라 이런저런 일을 한다. 그뿐 아니라 사건들의 흐름을 막아 원래의 상태로 되돌리려고 온갖 힘을 기울이는 사람도 스스로 불만이 많긴 하지만 적지 않은 역할을 한다. 우주는 그런 사람까지도 필요로 한다. 그렇다면 당신이 편들 사람들을 곰곰이 생각해 볼 일이 남아 있다. 왜냐하면 어떤 경우에도 모든 것을 지배하는 자는 당신을 이용할 용도를 찾을 것이고 그의 협조자들과 함께 일하는 사람들 중의 한 사람으로 포함시킬 것이기 때문이다. 단지 그리시푸스가 말한 것에 따라서 당신의 역할이 무대 위에서 어릿광대의 역할로 공연되어지는 바로 그런 한심스러운 역할이 아니라는 것을 주의하라.[5]

43. 태양이 비의 일을 하려고 하는가? 애스쿨라피우스가 데메테르의 일을 하려고 하는가? 별들은 어떤가? 그것들은 모두가 다르

---

[5] 고결함이 한층 더 분명하게 드러내는 것에 대비하여 천박한 요소가 주어진다.

면서도 한 가지 목적을 위해 서로 붙들어 도와주면서 함께 일하고 있지 않은가?

44. 신들이 내 자신에 관해서 협의하고 나의 신상에 반드시 일어날 일들에 대해 어떤 결정을 했다면 그들의 협의는 좋은 것이었을 것이다. 왜냐하면 분별없이 협의하는 신은 상상조차 할 수 없기 때문이다. 어쨌든 무엇 때문에 신들이 나에게 해를 끼치려 하겠는가? 그들 자신들에게든 그들의 중요한 관심인 우주에든 어디에 그 이익이 있겠는가? 신들이 나에게 특별한 생각을 하지 않았다 하더라도 그들은 적어도 우주를 마음에 두었을 것이다. 그러므로 나는 그 결과로서 일어나는 어떤 일이든 받아들이고 기쁘게 생각해야 한다. 물론 그들이 어느 것이든 — 그렇게 믿는 것이 불경스럽지만 — 전혀 신경쓰지 않는다면, 제물, 기도, 맹세, 그리고 우리가 우리들 사이에 신들이 살아 있다고 인정하는 모든 다른 행동들도 하지 말자. 그렇다고 하더라도, 그들이 우리의 바랄 수 있는 관심사들에 전혀 개의치 않는 것이 사실이라고 하더라고 나는 여전히 나의 일을 내가 할 수 있고 내 자신의 이익을 도모할 수 있다. 모든 피조물의 이익은 그것 자신의 체질과 본성에 순응한다. 내 자신의 본성은 이성적이고 사회적이다. 나는 하나의 도시를 가지고 있다. 나는 하나의 국가를 가지고 있다. 마르쿠스로서 나는 로마를 가지고 있다.

한 인간으로서 나는 우주를 가지고 있다. 따라서 이런 공동체들에 이익을 가져오는 것은 나에게도 유일한 이익이다.

45. 개인에게 일어나는 모든 것은 전체의 이익을 위한 것이다. 그것은 그것만으로 우리의 충분한 근거이다. 그러나 당신이 면밀히 검토해 본다면 당신은 보편적인 규칙으로서 어떤 한 사람에게 이로운 것은 그의 같은 인간들에게도 똑같이 이롭다는 것을 깨닫게 될 것이다. (그러나 '이롭다는 것'은 도덕적으로 중요하지 않은 것들을 포함한 것으로 한층 더 통속적인 의미로 여기에서 받아들여져야 한다.)

46. 서커스나 다른 흥행 장소들의 공연들이 구경거리들을 지루하게 만드는 단조로움인 것 같은 광경들이 끊임없이 반복되는 것으로 사람을 지루하게 하듯이, 전체적인 인생의 경험도 그렇다. 우리의 향상과 하락의 행로에서 만사는 언제나 같다는 것을 알게 된다 — 원인과 결과가 같다. 그러면 얼마나 오랫 동안……?

47. 필리스티온, 피부스, 그리고 오리가니온[6]에 이르기까지 수많은 욕망과 국가들이 사라졌던 것을 종종 생각해 보아라. 이러한 최근의 것으로부터 다른 많은 것들에 대해서 생각해 보아라. 이전에

매우 많은 위대한 웅변가들이 가버린 그곳에, 매우 많은 존경을 받았던 현인들 — 헤라클레이토스, 피타고라스, 소크라테스 — 이, 먼 옛날의 영웅들이, 후세의 지도자들과 왕들이, 그뿐아니라 에우도쿠스[7], 히파르쿠스[8], 아르키메데스들이, 그리고 많은 사람들이 가버린 그곳에 우리가 어떻게 따라가야 하는지 생각해 보아라. 매우 재치있는 사람들, 숭고한 정신을 가진 사람들, 그리고 근면하고 기략이 풍부하고 결연한 사람들이 가버리고, 메니푸스와 그의 학식으로 이 인간 세상의 덧없음과 짧음을 조롱했던 사람들도 가버린 그곳에 우리가 어떻게 따라가야 하는지를 생각해 보아라. 죽어 묻힌 지 아주 오래 된 사람들을 종종 마음속에서 묵묵히 생각해 보아라. 바라건대 어떻게 그들이 그것 때문에 상태가 더 나빠졌는가, 더욱이 이름조차도 잊혀진 그들이? 이 세상에서 한 가지만은 대단한 가치가 있다. 그것은 진실과 공정함 속에서 자신의 생애를 사는 것이며, 거짓과 불의의 사람에게까지도 관용을 베풀어야 한다는 것이다.

48. 당신이 정신의 기운을 돋우고 싶을 때 친구들의 좋은 자질들

---

6 필리스티온, 피부스, 그리고 오리가니온은 우리에게 알려져 있지 않았다.
7 에우도쿠스는 점성학, 의술, 법을 공부했다고 한다.
8 히파르쿠스는 유명한 수학자였다.

을 생각하라. 재능을 가진 사람, 겸손한 사람, 관용적인 사람 등이 있다. 할 수 있는 한 풍부하게 자신을 드러내 보이면서 우리 주위에 사는 사람들의 성격에 나타나는 여러 가지 미덕들의 사례를 보는 것보다 더 확실한 뜻이나 의욕을 잃은 것의 구제책은 없다. 그러므로 당신 앞에 그것들을 항상 놓아두어라.

49. 당신은 당신의 몸무게가 300파운드도 못 미치고 그 만큼 밖에 안 된다고 불평하는가? 그러면 왜 당신은 당신의 수명이 더 길지 않고 그만큼밖에 안 된다고 괴로워하는가? 당신이 당신에게 할당된 신체의 양에 만족하기 때문에 시간의 양에도 만족하라.

50. 설득하여 사람들을 감동시키려고 노력하라. 그러나 정의의 원리가 그렇게 이끈다면 그들의 의지를 무시하고 행동하라. 그러나 어떤 사람이 당신을 방해하려고 폭력을 사용한다면, 그때에는 다른 방침을 쓰거나 강구하라. 고민하지 말고 감수하고 그 방해를 어떤 다른 미덕을 실행할 기회로 바꾸어라. 당신의 시도는 언제나 유보되었고 당신은 언제나 할 수 없는 것을 하려고 하지 않았다는 것을 기억하라. 그러면 당신은 무엇을 하려고 하는가? 솔직히 시도한다는 그 노력 자체뿐이다. 이런 점에서 당신은 성공했다. 그것으로 당신의 존재 목적은 달성되었다.

51. 야망을 품은 사람은 다른 사람들의 실행 중에서 미덕을 찾아내려고 생각한다. 쾌락을 추구하는 사람은 그 자신의 감각에서 그의 미덕을 찾아내려고 생각한다. 분별력 있는 사람은 그 자신의 행동에서 그의 미덕을 찾으려고 생각한다.

52. 당신은 억지로 당신 앞에 있는 이런 문제에 관해서 어떤 견해를 품지 않아야 하고 당신 마음의 평화도 전혀 혼란스럽게 하지 않아야 한다. 그 자체로서 사물은 당신에게서 어떤 판단을 강요할 힘이 없다.

53. 다른 사람들이 말하는 것에 주의를 기울이는 습관을 들이고, 말하는 사람에게 공감하려고 노력하라.

54. 벌 떼에게 이익이 되지 못하는 것은 한 마리의 벌에게도 이익이 되지 못한다.

55. 선원들이 그들의 조타수를 비방했거나 환자들이 그들의 의사를 비방했다면, 그 대신에 그들을 비방할 어떤 다른 사람이 있을 것이다. 어떻게 그런 다른 사람이 선원들의 안전이나 환자의 건강을 책임질 수 있겠는가?

56. 나와 함께 이 세상에 태어난 사람들 중 얼마나 많은 사람들이 이미 세상을 떠났을까?

57. 황달병에 걸린 사람에게는 꿀은 쓴 것 같이 생각된다. 미친 개에게 물린 사람에게는 물은 무서운 것이다. 어린아이들에게는 공은 매우 비싼 보물이다. 그런데 왜 나는 화를 터뜨리는가? 사람의 잘못된 생각이 황달병의 담즙이나 광견병의 병균보다 얼마만큼이라도 더 적게 영향을 미친다고 생각되어질 수 있기 때문인가?

58. 당신 자신의 개인적인 본성의 법칙에 따라 살아가는 당신을 아무도 방해할 수 없다. 우주 본성의 법칙에 거슬러 아무런 일도 당신에게 일어날 수 없다.

59. 쾌락을 추구하는 사람들은 참으로 가엾은 사람이다! 그들이 추구하는 목적은 참으로 초라하고 목적을 추구하는 수단도 참으로 초라하다! 만물을 덮어버리는 시간이 빠르기도 하다! 지금까지 시간이 얼마나 많은 것을 덮어 가리었을까!

인간은 자기의 운명을 창조하는 것이지 받아들이는 것이 아니다.
— 비르만 / 프랑스의 문학사가

MARCUS AURELIUS
MEDITAIONS

제7편

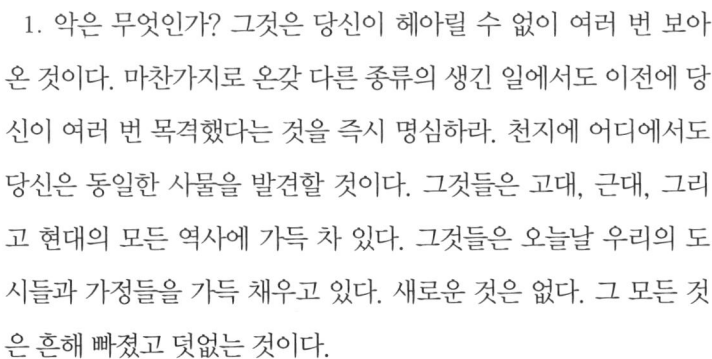

 1. 악은 무엇인가? 그것은 당신이 헤아릴 수 없이 여러 번 보아온 것이다. 마찬가지로 온갖 다른 종류의 생긴 일에서도 이전에 당신이 여러 번 목격했다는 것을 즉시 명심하라. 천지에 어디에서도 당신은 동일한 사물을 발견할 것이다. 그것들은 고대, 근대, 그리고 현대의 모든 역사에 가득 차 있다. 그것들은 오늘날 우리의 도시들과 가정들을 가득 채우고 있다. 새로운 것은 없다. 그 모든 것은 흔해 **빠졌고** 덧없는 것이다.

 2. 원칙들이 얻는 첫 인상들이 소멸될 때 원칙들은 활력을 잃을 수 있다. 그러나 이것들을 계속 불타오르게 하는 것은 당신을 위한 것이다. 나는 어떤 사물의 올바른 인상을 잘 만들어낼 수 있다. 그

래서 이런 능력을 부여받는다면 조바심할 필요가 없다. (내가 알지 못하는 사물들에 관하여 그 사물들은 내가 아는 것과 아무런 관계가 없다.) 일단 이 점을 배워라. 그러면 당신은 첫 통찰력의 관점에서 한 번 더 사물을 살펴보아야 한다. 그래서 생애는 새로 시작된다.

3. 쓸데없는 구경거리, 무대의 연극, 양떼, 소떼, 매독의 공격, 똥개 떼에 던져준 뼈다귀, 연못의 물고기에게 던져준 빵 부스러기, 무거운 짐을 지고 가는 개미들, 겁을 먹고 허겁지겁 도망치는 생쥐들, 그리고 끈으로 조종되는 꼭두각시들, 그것이 인생이다. 그 모든 것들 중에서 당신은 교만하지 말고 온화하고, 당신의 위치에 서야 한다. 그러나 언제나 사람의 가치는 그의 야망의 가치만큼 중요하다는 것을 알아라.

4. 대화를 할 때, 듣고 있는 말에 주의를 기울여라. 행동을 할 때 행해지고 있는 행동에 주의를 기울여라. 후자의 경우에 목표가 되는 것을 곧 알도록 하라. 전자의 경우에 무엇을 의미하는지를 확인하라.

5. 나의 이해력이 이 일을 감당할 수 있는가, 그렇지 못한가? 감

당할 수 있다면 자연이 나에게 맡겨준 도구로서 나는 나의 이해력을 그 일에 이용할 것이다. 감당할 수 없다면 나는 그 일을 더 잘할 수 있는 어떤 사람에게 양보하고 물러나거나 — 나의 임무가 그렇게 해도 괜찮다면 — 그렇게 될 수 없다면 공동체에 때에 알맞고 실용적인 것을 성취하기 위해 나의 명안을 이용할 어떤 조력자의 도움을 받아 나는 할 수 있는 한 최선을 다할 것이다. 왜냐하면 혼자서 하든 다른 사람과 함께하든 내가 하는 모든 일은 그 일의 유일한 목적으로서 모든 사람에게 유익하고 화합이 되어야 하기 때문이다.

6. 이전에 매우 야단스럽게 찬미되던 얼마나 많은 사람들의 칭찬이 망각 속에 묻혔고, 찬양했던 사람들 자신들이 얼마나 많이 우리 시야에서 사라져 없어진 지가 오래 되었는가!

7. 도움을 받는 것을 부끄럽게 생각하지 마라. 공격하는 군인처럼 당신의 직무는 당신의 지정된 임무를 이행하는 것이다. 그런데 당신이 불구자여서 성벽을 당신 혼자서 기어 올라갈 수 없다면 당신은 어떻게 하겠는가? 그러나 당신이 동료의 도움을 받았다면 당신은 어쩌겠는가?

8. 미래 때문에 당신의 마음을 어지럽히지 마라. 당신이 그런 일을 당할 수밖에 없다면, 오늘 당신은 현재에 대비하여 당신을 무장시키는 이성이라는 똑같은 무기로 그 일에 맞설 것이다.

9. 만물은 서로 뒤섞여 있다. 신성한 유대는 그것들을 결합한다. 다른 사물과 고립된 사물은 거의 없다. 모든 사물은 대등하게 되어 있고, 모든 사물은 하나의 우주로 하나의 형태를 갖추어 함께 일한다. 세계 질서는 다양성으로 이루어진 통일성이다. 신은 하나이고 모든 사물에 미친다. 모든 존재는 하나이고, 모든 법칙은 하나이고 (다시 말해서 모든 생각하는 동물들이 가지고 있는 공동이성), 모든 진리는 하나이다 — 우리가 믿고 있는 것처럼 본질과 이성에서 똑같은 존재의 완전성에 하나의 행로만 있다면.

10. 물질의 모든 분자는 우주의 본체 속으로 곧 사라진다. 인과관계의 각 항목은 우주의 이성 속으로 되돌아간다. 모든 사물의 기억은 영원의 소용돌이 속에 묻힌다.

11. 이성의 존재에는 자연에 일치하는 행동은 이성에 일치하는 행동이다.

12. 일어서라 — 그렇지 않으면 세워질 것이다.

13. 다양한 요소들로 이루어져 있는 신체에서 이성을 지닌 요소들은 통일체인 유기체 안에 있는 신체의 사지와 같이 작용하는 역할을 가지고 있다. 이성을 지닌 요소들은 마찬가지로 서로 협력을 하기 위해 구성되어져 있다. 당신이 '이성적인 사물들의 전체 합성체 중에서 나는 하나의 "사지"(meros : 원소)'라고 항상 당신 자신에게 말한다면 당신은 아직 진심에서 우러나오는 마음으로 사람을 사랑하지 않고 그 사람들 자체를 위하여 사랑을 행동으로 실행하는 것에 즐겁지 않은 당신은 의례적으로 그것들을 행하고 있을 뿐이고 당신 자신에게 아직 중재하지 않는다.

14. 일어난 일로 영향을 받을 수 있는 나의 부분들에 일어날 어떤 일이든 일어나게 하라. 그 부분들이 영향을 받는다면 그 부분들은 그것으로 불평할지도 모른다. 내 자신은 어떠냐하면 내가 그 일을 악이라고 생각하지 않는다면 나는 해를 받지 않는다. 아무것도 내가 그것을 억지로 그렇게 생각하게 하지 못한다.

15. 세상이 무슨 말을 하거나 무슨 짓을 하더라고 나의 본분은 내 자신을 선량하게 간직하는 것이다. 금이나 에메랄드나 자줏빛

옷이 다음과 같이 시종 주장하듯이 '세상이 무슨 말을 하거나 무슨 짓을 하더라도 나의 본분은 여전히 에메랄드로 남아서 나의 색을 그 색 그대로 지키는 것이다!

16. 주된 이성은 결코 자신을 혼란시키지 않는다. 예를 들면 주된 이성은 그것 자신 안에 있는 걱정을 결코 일으키지 않는다. 다른 어떤 사람이 그 이성을 두렵게 하거나 고통을 줄 수 있다면, 그가 그렇게 하게 하라. 그러나 그 이성은 홀로 그 이성 자신의 억측이 그런 분위기로 이성을 그릇되게 인도하는 것을 결코 허용하지 않는다. 할 수 있다면 반드시 육체가 고통을 당하지 않도록 자신을 배려하게 하라. 육체가 고통을 당하고 있으면 육체가 고통을 당하는 것을 말하게 하라. 그러나 두려움이나 고통을 알 수 있는 유일한 것이며, 그것의 판단으로 두려움이나 고통의 실재가 좌우되는 영혼은 아무런 해를 입지 않는다. 주된 이성은 그 이성 자체가 스스로 만들어내기 전에는 아무것도 필요하지 않고 자족할 수 있다. 마찬가지로 혼란이나 방해를 주된 이성 스스로가 만들어내지 않는다면 주된 이성은 혼란이나 방해에 부딪칠 수 없다.

---

1 이 말은 그리스 말로 행복을 의미한다.

17. 어원으로 행복은 마음속에 있는 선한 신¹, 즉 선한 주된 이성이다. 그렇다면 헛된 망상이여, 당신은 이곳에서 무엇을 하고 있는가? 제발 당신이 왔던 것처럼 떠나다오. 나는 당신에게서 아무것도 필요로 하지 않는다. 나는 당신을 이곳에 데려온 것이 오랜 습관이라는 것을 안다. 나는 아무런 악의를 지니고 있지 않고 있다. 다만 당신을 사라지게 하고 싶다.

18. 우리들은 변화를 꺼린다. 그러나 변화가 없다면 어떤 일이 생겨날 수 있겠는가? 우주의 본질은 무엇을 더 소중이 여기거나 그 자신에게 더 적절하다고 여길까? 땔나무가 어떤 변화를 거치지 않는다면, 당신은 따뜻한 목욕을 할 수 있겠는가? 음식물이 아무런 변화를 거치지 않는다면 당신은 영양분을 얻을 수 있겠는가? 어떤 유용한 것이 변화 없이 이루어질 수 있겠는가? 그렇다면 당신은 당신 자신에게도 변화가 똑같은 이치이고 우주의 본질에도 그 정도 필요하다는 것을 모르는가?

19. 물체가 몰아치는 급류 안으로 끌려 들어갔다가 밖으로 밀려났다 하면서 거센 물살을 헤쳐 나가듯이 모든 육체는 우주의 실체를 통과한다. 우리의 신체 여러 부분들이 서로 협력하듯이 모든 육체는 전체와 결합하고 협동한다. 참으로 많은 크리시푸스와 같은

사람, 소크라테스와 같은 사람, 그리고 에픽테토스와 같은 사람들이 시간에 삼켜져 버렸다! 당신이 어떤 사람이나 어떤 사물과 관계할 때 이것을 기억하라.

20. 다만 한 가지 일만이 나를 괴롭힌다. 그것은 인간의 본질이 허락하지 않거나 어떤 다른 방법으로 행해지기를 바라거나 미래의 어느날까지 금지된 일을 내가 하고 있지 않나 하는 두려움이다.

21. 당신은 세상을 곧 망각할 것이고, 세상은 당신을 곧 망각할 것이다.

22. 잘못하고 일을 그르치는 사람까지도 사랑하는 것은 인간의 특성이다. 그 사람들이 당신의 동포이고, 그 사람들이 본의가 아니고 무지해서 비틀거리고, 머지않아 당신과 그 사람들 양편이 죽을 것이고, 무엇보다도 당신 자신이 아무런 해를 입지 않았다는 것을 당신이 깨닫자 곧 그런 사랑은 일어난다. 왜냐하면 당신의 주된 이성이 과거보다 악화되지 않았기 때문이다.

23. 밀랍으로와 같이 우주의 본질로 자연은 망아지를 만든다. 그 다음에 자연은 그것을 부수어서 그 재료를 사용하여 나무를 만들

고, 그 다음에는 사람을 만들고, 그 다음에는 어떤 다른 것을 만든다. 그런데 이것들 하나하나는 짧은 동안에만 지속된다. 그릇 자체로 말하면 그릇은 구성되어지는 것과 마찬가지로 산산이 부서지는 것이 어렵지 않다.

24. 화난 얼굴 표정은 전혀 자연스럽지 않는다. 그런 표정이 자주 지어지면 아름다움은 사라지기 시작하여 결국에는 다시 아름다움을 돋우어 내지 못하고 소멸되고 만다. 당신은 이 사실에서 화난 얼굴 표정이 이성을 좇지 않는 것이라는 것을 깨달으려고 해야 한다. 왜냐하면 우리들의 잘못을 파악하는 능력을 잃는다면 살아가는 것이 무슨 소용이 있겠는가?

25. 곧 우주의 감독자인 자연은 당신이 보고 있는 만물을 변화시킬 것이고, 그것들의 본질로 새로운 것들을 만들 것이다. 게다가 자연은 세상의 젊음을 영구히 다시 젊어지도록 그것들에서 다른 것들을 다시 만들어 내곤 할 것이다.

26. 어떤 사람이 당신에게 과오를 저질렀을 때 그 과오가 선과 악에 대해 어떤 관념으로 저질러졌는가를 먼저 생각하라. 일단 당신이 그것을 알게 되면 노여움은 사라지고 동정을 하게 될 것이다.

왜냐하면 선이라고 하는 당신 자신의 생각이 행해지는 것과 똑같이 선이라고 하는 그 사람 자신의 생각이 행해지든 어떻든 그것들과 다소 같은 점을 지니고 있는데 어느 경우든 그 사람을 용서해 주는 것은 분명히 당신의 직무이기 때문이다. 그렇지 않으면 당신이 그런 행동들을 선이나 악이라고 생각하지 않았다. 그러므로 다른 사람의 무분별에 대해 묵인하는 것은 훨씬 쉬울 것이다.

27. 당신이 가지고 있지 않은 것을 가지겠다는 환상에 탐닉하지 마라. 그러나 당신이 가지고 있는 것 중의 제일 좋은 것을 생각하라. 그 다음에 그것들이 당신의 것이 아니라면 얼마나 당신이 그것들을 갈망하겠는가를 감사한 마음으로 기억하라. 그러나 동시에 그것들을 너무 기뻐한 나머지 그것들을 잃어버렸을 경우에 당신의 마음의 평화를 부수지 않도록 주의하라.

28. 당신 자신의 내면으로 물러나 은둔하라. 우리의 주된 이성은 단지 올바르게 행동하여 평온을 성취하는 것을 바란다.

29. 모든 환상을 버려라. 욕망의 꼭두각시가 되지 마라. 시간을 현재로 국한시켜라. 그 사실이 당신 자신의 것이든 다른 사람의 것이든 그 사실이 어떤 것이라는 것에 대해 모든 경험 내용을 알아보

아라. 감각의 대상들을 원인과 물질로 나누어 분류하라. 당신의 마지막 시간을 생각하라. 당신의 이웃이 저지른 비행은 그 비행을 저지른 사람과 함께 그대로 놓아두어라.

30. 듣고 있는 말에 주의를 기울여라. 행해지고 있는 일과 행하고 있는 주체를 충분히 이해하라.

31. 검소, 자존심, 그리고 덕이나 악의 영역 밖에 있는 모든 것에 무관심으로 얼굴을 번쩍이게 하라. 인류를 사랑하라. 신을 섬겨라. '법이 모든 것을 지배한다' 라고 현인은 말했다. 그의 말이 원자들에게만 관계가 있다 하더라도 어떤가? 우리 법이 모든 것을 지배한다는 것을 기억하는 것만으로 충분하다. 세 마디 말이다. 그러나 충분하다.

32. 죽음에 대하여.
세상이 원자의 집합이라면, 죽음은 분산이다. 세상이 통일체라면, 죽음은 절멸이나 변환이다.

33. 고통에 대하여.
고통이 참을 수 없다면, 고통은 우리를 끝낸다. 고통이 오래 계속

된다면, 고통은 견디어낼 수 있다. 육체에서 멀리 떨어져 있으면서 마음은 평온을 유지한다. 주된 이성은 있는 그대로 남아 있다. 고통으로 손상된 부분들에 관해서는 가능하다면 그 부분들이 그것들 자신의 고통을 나타내게 하라.

34. 명성에 대해서.

청원자들의 마음, 그들의 야망, 그리고 그들의 혐오를 훑어보아라. 쌓이는 모래의 한 층이 다음에 쌓이는 모래층으로 재빨리 덮어지듯이 이승에서 오늘의 만사가 내일의 만사 밑에 얼마나 빠르게 묻히는지를 숙고해 보라.

35. '어떤 사람이 고귀한 정신과 모든 시대와 모든 실체를 정관하는 폭넓은 통찰력을 가지고 있다면, 그 사람은 인간의 삶을 중대한 것으로 여길 수 있을까?' ― '그렇다면 그는 죽음을 두려운 것이라고 생각하지 않을까?' ― '아니다' (플라톤[2]으로부터)

36. 선행을 하고도 헐뜯는 말을 듣는 것은 고귀한 일이다. (아티스테네스로부터)

---

2 플라톤의 『공화국』에서
3 유리피데스 Hypsipyle에서 인용되었다.

37. 마음이 지시한 대로 얼굴은 그 자신에게 명령하고 유순하게 따르게 하면서 같은 마음이 그 자체에 명령하지 않고 따르지 않게 하는 것은 부끄러운 일이다.

38. '추세에 당신의 마음을 괴롭히지 마라.
    추세는 당신의 괴로움에 마음 두지 않는다.'

39. '불멸의 신들에게, 마찬가지로 우리들 자신에게도 기쁨을 주어라'

40. '곡식의 이삭들과 같이 사람들의 삶은 거둬들여진다.
    이 사람은 태어나고, 저 사람은 죽는다.'[3]

41. '신이 나와 나의 두 아들을 개의치 않는다면,
    이 사실에는 어떤 그럴 만한 이유가 반드시 있다!'

42. '정의와 행운의 양쪽이 나의 쪽에 있다!'

43. '비탄하는 사람에게 휩쓸리지 말고, 격한 감정에도 휩쓸리지 마라!'

44. 당신이 조금이라도 가치가 있는 사람이 생과 사의 가망을 따지면서 그의 일생을 보내야 한다고 생각한다면 나는 정정당당히 그에게, 친구여, 당신은 잘못 생각하고 있다고 대답할 수 있을지도 모른다. 그는 어떤 행동을 하는데 오직 한 가지 것만 생각하고 있다. 즉, 그가 선한 사람인지 악한 사람인지와 같이 올바르게 행동하느냐 부정하게 행동하느냐이다.

45. '여러분, 문제의 진실은 이렇습니다. 그것이 그 사람에게 가장 좋다고 생각되기 때문이든 명령에 복종해서든 사람이 일단 자리잡았을 때 나는 거기서 그가 치욕을 당하기보다 오히려 죽음이나 다른 어떤 것이라도 무시하고 그 자리를 지키며 용감하게 위험과 맞서야 한다고 생각합니다!' (플라톤에서)

46. '그러나 나의 친구여, 나는 고결함과 선량함이 자신과 친구가 위험을 당하지 않도록 막는 것과 다른 것일 수 있는 것이라고 생각할 수 있고, 참된 사람이 어떤 희생을 치르더라도 이 세상 삶에 집착하려고 하는 대신 그가 얼마나 오래 살아야 할까 하는 의문을 버리지 않아야 하는지 어떤지를 곰곰이 생각해 보기를 바란다. 여성들이 아무도 그의 운명을 피할 수 없다고 말할 때 여성의 말이 옳다고 믿고 그 문제를 신의 뜻에 맡기게 하고, 어떻게 그가 그에

게 할당된 생애를 가장 잘 살 수 있는가 하는 그 다음 문제에 전념하게 하라! (플라톤에서)

47. 당신 자신이 별들과 함께 운행하고 있는 것처럼 선회하는 별들을 관찰하라. 종종 원소들의 변화와 서로 교차되어 변화하는 것을 상상해 보라. 이런 종류의 상상은 지구에 얽매인 생애의 찌꺼기를 깨끗이 씻어낸다.

48. 플라톤은 이런 훌륭한 말을 했다. 인간을 논술하려고 하는 사람은 높은 망루에서 내려다보듯이 대지의 사물들을 내려다보아야 한다. 평화나 전쟁을 위한 집결, 농업, 결혼, 이혼, 출산과 사망, 소란한 법정, 적막한 사막, 각종 이질의 사람들, 향연, 비탄, 거래, 이런 잡다한 혼합과 상반되는 것들로 이루어지는 조화된 질서를 관찰해야 한다.

49. 많은 제국들이 흥했다가 망하면서 변화했다. 과거를 돌이켜 보아라. 그러면 당신은 미래도 내다볼 수 있다. 미래의 형식은 최근의 세목에 이르기까지 과거의 형식과 같을 것이다. 왜냐하면 미래는 창조의 한결같은 행진의 걸음을 멈출 수 없기 때문이다. 그러므로 40년이나 4,000년 동안 사람들의 삶을 고찰하는 것은 결국은

같다. 당신은 무엇을 더 볼 것인가?

50. 땅에서 태어난 모든 것은 땅으로 돌아가야 한다. 하늘의 씨앗으로부터 자라난 모든 것은 하늘로 돌아간다 — 다시 말해서, 그것들의 원자 구조의 분해와 그것들의 부주의한 요소들의 분산에 의한 것이다.

51. '어떻게 고기, 술, 그리고 주문으로
    운명의 조류를 비켜서 죽음을 피할 수 있겠는가?'
    '신이 불어 보내는 바람은
    애써 젓는 노와 불평 없는 열의로 맞서야 한다!'

52. '경기장에서 더 능란한 것'[4]은 분명하다 — 그러나 그는 더 공공심이 있는 것이 아니고, 더 겸손한 것이 아니고, 상황에 대처하는 훈련이 더 잘 되어 있는 것이 아니고, 이웃의 실수에 더 관대하지 않는다.

---

4 던져 떨어뜨리는 한판 승을 뜻한다. 플루타크의 일화들 중 하나에 나왔다. 풀이 죽은 스파르타의 한 레슬러가 그에게 이긴 상대가 지혜도 없고, 억센 완력도 없고, 다만 던져 떨어뜨리는 기술만 있다고 하는 말에서 인용되었다.

53. 어떤 행위가 인간들과 신들이 공통으로 지닌 이성에 일치하여 이루어질 수 있다면 아무것도 두려워할 것이 없다. 우리의 생존 법칙에 복종하여 순조롭게 진행하는 행동으로 봉사의 기회가 생기는 곳에서 우리는 아무런 해를 입을 염려가 없다.

54. 현재의 사건을 경건히 받아들이는 것, 현재의 주변 사람들에 대해 올바르게 행동하는 것, 현재의 생각에 대한 신중한 주의들 중 그 어떤 것도 검토되지 않고는 들어가지 못하게 하는 것은 언제나 어디서나 당신의 능력 안에 있다.

55. 다른 사람들을 지배하는 본능을 곁눈질하지 마라. 그러나 본성 자신이 당신을 인도하는 목표를 지켜보아라 — 상황을 통해서 나타나는 세계 본성과 의무의 요구를 통해서 나타나는 당신 자신의 본성을 지켜보아라. 사람의 행동은 사람의 타고난 본질과 일치해야 한다. 그런데 모든 다른 피조물들이 이성적 존재를 위하여 만들어졌는데 (열등한 존재들이 우월한 존재들을 위해 존재한다는 일반 법칙에 따라), 이성적 존재들은 서로를 위하여 만들어졌다. 그러므로 인류에 대한 인간의 의무는 인간 본질의 모든 특색 중 가장 중요한 것이다. 육체의 욕구를 물리치는 인간의 책임은 모든 특색 중 가장 중요한 것이다. 육체의 욕구를 물리치는 인간의 책임은

그것 다음에 생긴다. 왜냐하면 이성과 지성, 자신의 작용을 지키는 것은 이성과 지성의 특수한 직무이다. 왜냐하면 이성과 지성은 동물적 자질인 감각이나 충동의 작용에 압도되지 않기 때문이다. 정신은 최고의 자리를 갖고 싶어하고, 감각이나 충동의 힘에 굴복하지 않을 것이다. 정확히는 그렇다. 왜냐하면 본성은 다른 모든 것을 이용하도록 정신을 만들어 왔기 때문이다. 셋째로 이성적 존재의 본질은 정신을 분별하지 않고 기만하지 않게 만들었다. 키잡이인 이성이 이 세 가지 원칙들을 굳게 지켜서 똑바른 행로로 나아가게 하라. 그러면 이성은 스스로 기능을 발휘할 것이다.

56. 당신은 오늘 죽었고 당신의 생존 이야기도 끝났다고 생각하라. 이제부터는 당신에게 주어진 앞으로 나머지 시간을 계약에 얽매이지 않은 나머지 기간으로 여기고 본성과 조화하여 살아가도록 하라.

57. 당신의 운명의 틀대로 짜여진 당신에게 일어나는 것만을 사랑하라. 무엇이 당신의 필요에 그보다 더 잘 맞출 수 있겠는가?

58. 어떤 곤경에서든 분개하고, 놀라고, 부르짖으며 비슷한 위기를 부딪쳐 보았던 다른 사람들의 처지를 생각해 보아라. 지금 그들

은 어디에 있는가? 아무데도 없다. 그런데 왜 당신은 그들의 전례를 따르려 하는가? 다른 사람의 변덕을 그 변덕을 일으키는 사람과 따르는 사람들에게 맡겨놓아라. 그 사건 자체를 이용하는데 당신의 주의를 기울여라. 이렇게 하면 당신은 그 사건을 가장 잘 이용하게 될 것이다. 그 사건은 당신에게 일의 자료로 소용될 것이다. 모든 행동에서 당신 자신의 자기 만족이 당신의 노력과 당신의 의지 양쪽에 유일한 목적이 되도록 하라. 당신의 행동을 고무했던 그 사건 자체가 그것들의 어느 편에도 거의 보잘 것 없는 것이라는 것을 명심하라.

59. 내면을 자세히 보라. 거기에는 선이 흘러나오는 근원이 있다. 자꾸 파기만 하라. 그러면 그 근원에서는 언제나 선이 흘러나올 것이다.

60. 당신의 육체의 자세를 견고하게 하고, 움직이든 정지하든 뒤틀리지 않게 하라. 정신이 용모를 침착하고 품위있게 유지함으로써 그 자신을 얼굴에 드러내듯이 같은 일이 전체 육체에 대해서도 요구되어져야 한다. 그러나 이 모든 것은 어떤 허식도 없이 이루어져야 한다.

61. 처세술은 춤보다는 레슬링에 더 가깝다. 레슬링에서와 마찬가지로 처세술은 어떤 돌연한 습격에나 대비하여 굳건하고 경계하는 자세를 가져야 한다.

62. 언제나 당신이 칭찬받기 원하는 그 사람들의 품성과 그들의 지도 원리의 특성을 알도록 하라. 그들의 의견과 그들의 동기의 근원을 자세히 살펴보아라. 그렇게 하면 당신은 어떤 본의 아닌 무례함도 비난하지 않거나 그들의 인정을 바라지도 않을 것이다.

63. '어떤 사람이라도 본의 아니게 진리를 잃어버리게 된다'고 어떤 철학자는 말했다. 게다가 어떤 사람이라도 정의, 절제, 또는 그밖의 또 다른 미덕들도 같은 방식으로 잃어버리게 된다. 이 점을 언제나 명심하라. 그러면 당신은 사람들을 상대하는 모든 일에서 한층 더 온화한 태도를 가질 수 있을 것이다.

64. 고통을 당할 때 언제나 즉시 그것은 수치가 아니며 지도적인 정신에 해가 되는 것도 아니라는 것을 생각하라. 지도적인 정신은 합리적인 면이나 사회적인 면에서 아무런 해를 받지 않는다. 대개는 '당신이 고통에는 한계가 있고 공상으로 고통을 과대평가만 하지 않는다면 고통은 결코 참을 수 없는 것도 아니며 영원히 계속되

는 것도 아니다' 라는 에피쿠로스의 말이 틀림없이 도움이 될 것이다. 우리들이 실감하지는 못하더라도 우리가 불편함을 느끼는 많은 다른 사실들이 실제로 본질적으로 고통과 같은 성질이라는 것도 명심하라. 예를 들면 무기력감이나 무더운 기온이나 식욕상실과 같은 불편함을 느끼는 사실들이 있다. 이런 불편함들의 어떤 것이든 불평을 하고 싶을 때 당신이 고통스럽다고 말하라.

65. 사람들이 비인간적일 때, 그들이 다른 사람들에 대해 행동하는 것처럼 그들에 대해 생각하지 않도록 주의하라.

66. 텔라우게스[5]가 소크라테스보다 더 좋은 사람이 아니었을지도 모른다는 것을 우리가 어떻게 알겠는가? 소크라테스가 더 숭고하게 죽었거나 궤변가들과 더욱더 격심하게 논쟁했거나 몹시 추운 밤의 가혹한 고통을 더욱더 대담하게 견디어냈다는 것을, 그가 살라미스의 레온[6]을 체포하라는 명령을 거역하여 버티었거나 위엄있게 거리를 활보했다(이 마지막의 사실이 의심되어지는 것도 당연하지만)고 주장하는 것도 좋다. 그러나 깊이 생각해 보아야 할 사

---

5 피타고라스의 아들이다. 어떤 사람들은 그가 엠페도클레스의 선생이었다고 한다.
6 기원전 403년에 아테네에서 민주주의 타파에 공포정치가 시행되는 동안 죄가 없는 많은 사람이 살해되었다. 소크라테스는 정직한 시민인 살라미스의 레온을 체포하라는 독재자의 명령을 따르지 않았다.

실은 이런 점들이다. 그는 어떤 영혼을 가지고 있었는가? 그는 사람들에 대해 공정하고 신에게 순결하는 것만을 보아왔는가? 그는 다른 사람들의 사악에 분개하지 않았거나 그들의 무지에 굴복하지 않았는가? 그는 운명을 잔혹한 것으로 여기지 않고, 운명을 참아낼 수 없는 고통이라고 견디어내지 못하고, 그의 정신이 육체의 체험 사실에 영향을 받지 않게 하면서 운명이 그에게 할당한 것을 받아들였는가?

67. 자연 자신의 영역을 확립하지 못하고, 자연 자신의 세력 범위를 관리할 수 없을 만큼 자연은 정신을 육체와 뒤섞어 놓지 않는다. 그와 같이 인정받지 못할지라도 자연은 신과 같을 수 있다. 그 점을 언제나 명심하라. 행복한 삶의 필요한 요소들은 매우 적다는 것도 기억하라. 변증법이나 물리학의 전문적 지식은 당신을 곤란하게 했을지도 모른다. 그러나 그것은 자유, 자존심, 이타심, 신의 뜻에 순종하겠다는 것을 버리는 이유가 아니다.

68. 온 세상이 세상의 요구에 따라 당신의 귀청을 터지게 욕하고, 야수들이 흙으로 감싸여진 초라한 육체를 갈기갈기 찢어놓는다 하더라도 억압받지 말고 평온하게 당신의 생애를 살아가라. 그런 것 모두에서 아무것도 정신이 평온을 가지는 것을, 주위의 사건

에 대해서 바른 판단을 하는 것을, 그리고 이렇게 야기된 요소들을 신속히 이용하는 것을 막지 못한다. 그리하여 판단력은 그 사건에 대해서 다음과 같이 말할지도 모른다. '소문이 당신을 어떻게 말하더라도 이것이 바로 당신의 실체이다.' 그리고 봉직(奉職, 공직에서 일함)은 기회에게 다음과 같이 말할지도 모른다. '당신은 내가 찾고 있었던 것이다.' 요컨대 현재의 사건 발생은 언제나 사람들과 신들의 유일한 숙련을 위한 이성과 우애를 사용할 좋은 소재이다. 왜냐하면 결코 일이 일어나기 때문이 아니고, 일이 신이나 사람에게 특별한 타당성을 가지기 때문이다. 그 일은 새로운 다루기 힘든 문제로서가 아니고 낯익고 도움을 주는 친구로서 온다.

69. 하루가 마지막 날인 것처럼 살고, 결코 혼란스럽게 살지 않고, 무관심하게 살지 않고, 젠 체하며 살지 않는 것, 바로 여기에 인격의 완성이 있다.

70. 신들이 영원히 살아 있다고 하더라도 그들은 여러 세대의 사람들과 그들의 악행을 언제나 참고 관대해야 하는 것에 분노하지 않는다. 그뿐 아니라 그들은 사람들에 대한 모든 가능한 관심과 걱정을 나타내기까지도 한다. 삶이 잠깐 동안뿐인 당신은 — 자신도 악인들 중 한 사람이면서 — 인내를 잃고 있는가?

71. 가능한 일이지만 자신의 사악으로부터 도피하지 않고 불가능한 일이지만 타인의 사악으로부터 도피하려고 하는 것은 정말 우스운 일이 아닐 수 없다.

72. 이성적이고 사회적인 기능이 지각없고 친숙하지도 않다고 판단되어지는 것이 무엇이든, 그것이 그것 자체에 비해 열등한 것으로 판단되어질 수 있는 것은 당연하다.

73. 당신이 선행을 했고 다른 사람이 그 선행의 이익을 받았을 때 바보들이 하는 것처럼 왜 당신은 그것 이외의 한층 더 한 것을 — 당신의 호의에 대한 칭찬을 받거나 보상을 — 바라는가?

74. 아무도 이익을 얻는 것을 싫어하지 않는다. 그런데 이익은 본성에 따라 행동하는 데서 생긴다. 그렇다면 그 이익을 베푸는 것을 통해서 얻는 것도 싫어하지 마라.

75. 우주 본성의 충격은 질서 바른 세계를 만들려는 것이었다. 그런데 현재 일어나고 있는 모든 일은 당연히 필연적인 연속의 이치에 따른 것이라고 추정된다. 그렇지 않다면 세계 이성의 충격들이 향해 나가는 가장 중요한 목적은 불합리한 것일 것이다. 이 점

을 기억한다면 당신은 한층 더 침착하게 많은 일들과 마주서게 될 것이다.

인간은 의연하게 현실의 운명을 받아들여야 한다.
거기에 모든 진리가 숨겨져 있다.
— 고호 / 네덜란드의 화가

MARCUS AURELIUS
MEDITAIONS
제8편

1. 당신이 당신의 전 생애나 적어도 성인부터의 생애를 철학자로서 살았다고 주장하는 사실이 이제는 할 수 없는 것임을 잊지 않고 있다면, 그것은 자기 만족감을 가지지 않게 하는 데에 도움이 될 것이다. 그뿐 아니라, 오늘날에도 철학이 당신에게서 멀리 떨어져 있다는 것은 당신 자신에게서와 같이 많은 다른 사람들에게도 분명하다. 따라서 당신의 정신은 혼란의 상태에 남아 있다. 그래서 철학자라는 직함을 얻는 것이 쉽지 않다. 세상에서 당신의 위치는 끊임없이 그것을 방해한다. 일단 이 모든 것이 있는 그대로 보였다면 당신은 다른 사람들에게 어떻게 당신이 보이게 될까 하는 생각을 떨쳐버려야 할 것이고, 당신의 남은 생애를 본성이 바라는 대로 살 수 있다면 만족하라. 본성의 의지를 깨닫는 것을 배우고 다른

어느 것도 당신을 미혹하지 않게 하라. 지금까지 유복한 생활을 찾는 모든 당신의 방랑은 성공하지 못했다. 유복한 생활은 삼단논법에서, 부유함, 명성, 세속적인 쾌락이나 다른 어떤 것에서도 찾아지지 않았다. 그러면 그 비결은 어디에 있는가? 충동과 행동을 조절하는 엄격한 원칙들을 골라 쓰면 가능하다. 이를 테면 그 원칙은 무엇인가? 그것은 우리에게 선이거나 악에 관련된 원칙들이다. 따라서 그것이 사람을 올바르게 하고, 자제하게 하고, 용기있게 하고, 그리고 자주적이게 하는 것을 도와주지 않는다면 어떤 것도 사람에게 선이 될 수 없다. 그것이 반대되는 영향을 미치지 않는다면 어떤 것도 악이 될 수 없다.

2. 행동에 대해 이렇게 당신 자신에게 물어보라. 그 행동의 결과는 나에게 어떨까? 나는 그 행동을 후회하지 않을까? 머지 않아 곧 나는 죽을 것이고 모든 것은 잊혀질 것이다. 그러나 이럭저럭 하는 동안에 지금 하는 일이 이성적이고 사회적인 존재, 신 그 자신과 같은 법을 따르는 존재에 적합하다면 내가 그 이상 더 무엇을 추구하겠는가?

3. 알렉산더, 카이사르, 폼페이우스, 그들은 디오게네스, 헬라클레이토스, 소크라테스에 비하면 어떤가? 후자들은 많은 사물을 관

찰하여 그것들의 원인과 본질을 알고 있었다. 또 그들의 주된 정신은 같은 성질이다. 그러나 앞의 다른 세 사람은 얼마나 많은 마음을 쓰며, 얼마나 한없이 노예가 되어야 할까!

4. 당신은 비탄에 젖어 있을지도 모른다. 그러나 사람들은 여느 때와 같이 행동을 계속할 것이다.

5. 첫째 규칙은 마음을 어지럽히지 않게 정신을 유지하는 것이다. 왜냐하면 만물은 자연의 법칙에 따라야 하며, 곧 당신은 하드리아누스와 아우구스투스와 같이 무로 사라져야 하기 때문이다. 둘째 규칙은 선한 사람이 되는 것은 당신의 의무라는 것을 기억하고, 여러 가지 사실을 똑바로 바라보고, 그 사실들의 정체를 파악하는 것이다. 털어버리지 말고 인간의 본성이 요구하는 것을 행하라. 호의를 가지고 있어라. 신중하더라도, 진실하더라도, 당신에게 가장 올바르다고 생각되는 것을 말하라.

6. 우주 본성의 임무는 뒤섞고, 바꾸어 놓고, 교체하고, 한 상태에서 벗어나 다른 상태로 옮기는 것이다. 어디에나 변화가 있다. 그렇지만 우리들은 예기치 않은 어떤 것에도 두려워할 필요가 없다. 왜냐하면 모든 것들은 오래된 관습에 따르고 그것들을 동격으

로 늘어놓는 관례조차 변하지 않기 때문이다.

7. 본성 자신의 길을 순조롭게 나아갈 때 모든 본성은 스스로 만족한다. 이성을 부여받는 본성에서 본성 자신이 길을 순조롭게 나아가 스스로 만족한다는 것은 그르치기 쉽거나 모호한 감명에 따르지 않고, 사회적인 행동을 생각하여 행동하고, 모든 욕망이나 거부를 본성 자신의 능력 안에 있는 사물에만 국한시키고, 자유로이 행사할 수 있는 특권을 가진 조물주의 모든 섭리를 따른다는 것을 의미한다. 왜냐하면 잎의 본성이 식물이 지닌 본성의 일부분이듯이 섭리는 조물주가 지닌 본성의 일부분이기 때문이다. 잎의 본성이 지각과 이성을 가지고 있지 않는 본성의 일부분이라는 것을 별도로 치고 잎의 본성은 좌절될 수 있지만 사람의 본성은 좌절되어질 수 없을 뿐만 아니라 지성과 정의를 타고난 본성의 일부분이다. 왜냐하면 사람의 본성은 모든 사람들에게 동동하게 시간, 생존, 원인, 활동, 그리고 경험을 그들과 서로 맞아 어울리는 몫을 부여해 주기 때문이다. (그런 모든 점에서 한 사람과 다른 사람사이의 얼마쯤 정확한 상응성에서가 아니고 전체로서 그들 두쪽의 전반적인 비교로 이 평등을 찾도록 하라.)

8. 당신은 학자가 되는 것을 바랄 수 없다. 그러나 당신이 할 수

있는 것은 오만을 억제하는 것이다. 당신은 명예욕을 초월할 수 있다. 당신은 우매한 사람과 배은망덕한 사람에 대해서 화를 억누를 수 있다. 더구나 그들을 염려할 수도 있다.

9. 아무도, 당신 자신까지도 당신이 궁중 생활을 다시 비난한다는 말을 듣지 않도록 하라.

10. 후회는 어떤 유용한 기회를 잃었다는 자책이다. 그런데 선한 것은 언제나 유용하고 모든 선한 사람의 중요한 것이어야 한다. 그러나 쾌락의 기회는 어느 선한 사람도 지나가버리게 했다고 결코 후회하지 않게 되는 것이다. 그러므로 쾌락은 선도 유용한 것도 되지 않는다.

11. 사물 자체의 독특한 구성에 관하여 말하면 사물은 본래 무엇일까? 실질, 형질, 그리고 물질에서 이 사물은 무엇일까? 이 세상에서 이 사물의 기능은 무엇일까? 사물은 얼마나 오랫동안 생존할까를 당신 자신에게 물어보아라.

12. 잠을 쫓아버리기 힘들 때, 당신이 사회에 책임지고 담당한 임무를 열심히 하는 것은 인간 본성의 법칙과 당신 자신의 본질의

법칙에 따르는 것이지만 잠은 우리가 비이성적인 동물과 공통으로 지니고 있다는 것에 반하여, 제각각의 본성에 따르는 것은 더욱더 적절하고, 더욱더 알맞고, 참으로 더욱더 마음에 드는 행동이라는 것을 생각하라.

13. 가능하다면, 모든 생각의 본질적인 특성, 자아에 미치는 생각의 영향, 논리적인 분석에 대한 그것의 반응을 알아내는 습관을 갖도록 하라.

14. 당신이 누구를 만나더라도 언제나 당신 자신에게 이런 질문을 하는 것부터 시작하라. 여러 가지 일들의 유익한 점과 해로운 점에 대해서 그의 견해는 어떨까? 그 다음으로 쾌락, 고통, 그리고 그것들의 원인, 또는 명예와 불명예, 또는 삶과 죽음에 관한 그의 신념이 어떤 일정한 유형이라면, 나는 그의 행동이 신념과 일치하는 것을 알고 놀라거나 분개하지 않을 것이고, 그는 달리 선택할 방도가 없다고 납득할 것이다.

15. 무화과나무가 무화과 열매를 맺을 때 아무도 놀라지 않는다. 마찬가지로 세계가 그것의 정상적인 사건을 거두어들이는 것을 만들어낼 때 우리는 놀라는 것을 부끄러워해야 한다. 환자에게 열이

있다는 것이 입증되거나 바람이 거꾸로 분다면, 의사나 조타수는 놀라는 것을 부끄러워할 것이다.

16. 당신의 견해를 바꾸어 바로잡는 것은 당신의 자주권을 자포자기하는 것이 아니다. 왜냐하면 그런 행동은 당신 자신의 충동, 당신 자신의 판단, 그리고 당신 자신의 생각을 이행한 당신 자신의 것이기 때문이다.

17. 그 선택이 당신의 것이라면 왜 그 일을 하는가? 다른 사람의 것이라면, 당신은 그 책임을 어디에 씌우겠는가? 신들에겐가? 원자들에겐가? 어느 쪽이든 미치광이 같은 행위이다. 어떤 것을 탓해도 그것은 적절하지 않다. 할 수 있다면, 위반자를 바로 잡아라. 할 수 없다면 불법을 바로 잡아라. 그것도 할 수 없다면 다시 비난하는 문제점은 무엇인가? 아무것도 무의미하게 할 만한 가치가 없다.

18. 죽는다는 것은 세상에서 떨어져나가는 것이 아니다. 그것은 이곳 세상에 남아 있다. 따라서 그것은 이곳 세상에서도 변화하여 몇가지 원소들로 분해된다. 다시 말해서 그것은 우주와 당신 자신을 형성하는데 소용되는 요소들로 분해된다. 마찬가지로 그 원소

들 자신들은 변화를 겪는다. 그러나 그것들은 불평을 하지 않는다.

19. 모든 것은 — 말이나 포도나무 등 — 어떤 임무를 위해 만들어졌다. 이것은 생각이 산만해질 아무것도 아니다. 태양신 자신까지도 당신에게 이렇게 말할 것이다. '나는 이 세상에서 하기로 되어 있는 일이 있다.' 모든 다른 하늘에 거주하는 자들도 그럴 것이다. 그렇다면 당신 자신은 무슨 임무를 위해 만들어졌는가? 쾌락을 위해서일까? 그런 생각은 너그럽게 보아줄 수 있을까?

20. 자연은 언제나 이루려고 꾀하고 있는 것의 끝을 가지고 있다. 그래서 이 목적은 자연의 시작이나 존속 기간 만큼 어떤 일의 결말을 셈에 넣고 있다. 자연은 공을 던지는 사람과 같다. 공 자체가 위로 나는 것으로 더 좋아질까? 공이 내려오거나 떨어진 다음에 땅에 놓여 있을 때 그 공이 얼마쯤 더 나빠질까? 거품이 뭉쳐 있다고 해서 무엇을 얻을 것이며, 터진다고 해서 무엇을 잃겠는가? 비슷한 일은 촛불에 관해서도 마찬가지다.

21. 이 살아 있는 육체를 뒤집어라. 이젠 그 육체가 드러내놓은 형세를 살펴보라. 그 육체가 늙거나 병들거나 쇠하여 어떻게 되는지를 살펴보라. 칭찬하는 자나 칭찬을 받는 자의 삶이, 기억하는

자나 기억되는 자의 삶이 잠깐의 세월이다. 그들이 살고 있는 이 지구의 작은 모퉁이는 참으로 작다 — 그런데 거기에서조차도 그들은 전혀 사이가 좋지 않다. 아니, 지구 전체 그 자체는 보잘 것 없는 하나의 점에 지나지 않다.

22. 그것이 하나의 물질적인 사물이든, 행동이든, 원리이든, 듣고 있는 말의 의미이든 그것에 전념하라. 이런 기대에 어긋남 때문에 당신은 당연히 고민한다. 당신은 오늘 선을 행하는 것보다는 내일의 선을 기대하고 싶어 한다.

23. 내가 하는 일에서 나는 인류의 유익을 위해 그것을 해야 한다. 나에게 닥치는 일에서 나는 신들을 위해, 모든 밀접히 연결된 사건들이 연결 속에 일어나는 만물의 근원을 위해 그것을 받아들여야 한다.

24. 목욕이 당신에게 무엇을 생각나게 할까? 기름, 땀, 때, 기름기 많은 물, 구역질나는 온갖 것들이 생각날 것이다. 모든 그런 성분의 인생은 이런 것이다. 인생의 모든 물질적인 것은 이런 것이다.

25. 죽음이 루킬라에게서 베루스를 빼앗아갔다.[1] 그 다음에 죽음은 루킬라도 요구했다. 죽음은 세쿤다에게서 막시무스를 빼앗아갔다. 그 다음에 죽음은 세쿤다 자신도 데려갔다. 죽음은 에피틴카누스에게서 디오티무스를 빼앗아갔다. 죽음은 디오티무스 다음에 에피틴카누스를 데려갔다. 죽음은 안토니누스에게서 파우스티나를 빼앗아갔다. 자기 차례가 되어 안토니누스가 죽었다. 언제나 그렇다. 켈레르는 하드리아누스를 매장했고, 그 자신도 매장되었다. 옛날의 숭고한 사람들, 통찰력을 가진 사람들, 의기양양하던 사람들, 지금 그들은 어디 있을까? 카락스, 플라톤학파의 데메트리우스, 에우데몬과 같이 명민한 지혜를 가진 사람들과 그들과 같은 다른 사람들은 지금 어디에 있는가? 모두가 허무했고, 이제는 모두가 죽고 가버린 지 오래 되었다. 어떤 사람들은 죽자마자 잊혀졌고, 어떤 사람들은 전설적인 인물이 되었고, 어떤 사람들은 전설 자체에도 미치지 못하고 사라져 버렸다. 그래서 당신 자신의 복합체인 육체가 언젠가는 분산되어 부서져야 하는지, 그렇지 않으면 육체에 생명을 불어넣은 호흡이 끊겨져야 하는지, 어딘가 다른 곳으로 옮겨 변형되는 것인지를 생각해 보라.

---

[1] 루킬라와 베루스는 마르쿠스 자신의 부모이다.

26. 사람의 진실한 기쁨은 그가 창조된 목적의 임무를 수행하는 것이다. 그는 그와 같은 사람에게 호의를 베풀고, 감각의 자극을 무시하고, 현상과 실재를 구별하고, 우주의 본성과 본성의 작용을 검토하고 연구하기 위해 만들어졌다.

27. 우리들은 세 가지 관계를 가지고 있다. 하나는 우리를 덮어 가리고 있는 이 육체의 껍질과의 관계이고, 하나는 만물에서 모든 것의 근원인 신성의 원인과의 관계이고, 하나는 우리 주위에 있는 우리와 같은 인간과의 관계이다.

28. 고통은 틀림없이 육체에 악이거나 — 이 경우에 육체가 스스로 말하게 하라 — 아니면, 영혼에 악이다. 그러나 영혼은 언제나 고통을 악이라고 생각하지 않을 수 있다. 그래서 영혼은 영혼의 하늘이 구름으로 덮이지 않게 하고 영혼의 평온이 어지럽히지 않게 한다. 왜냐하면 아무런 결심이 없고, 아무런 충동이 없고, 접근이나 뒤로 물러서는 동작이 없으나 그것들은 자아 내부로부터 일어나야 하고 어느 악도 자아 안으로 뚫고 들어갈 수 없기 때문이다.

29. 모든 망상들을 마음에서 없애고, 계속 이렇게 스스로 다짐하라. '나의 이 영혼 속에 어떤 사악도, 어떤 탐욕도, 어떤 소란도 확

실하게 안주하지 못하게 하는 능력을 내가 지니고 있고, 있는 그대로 만물을 파악하고, 가치에 따라 그것들의 각각을 다루는 것도 내가 할 일이다.' 이 권능을 기억하라. 그것은 본성이 당신에게 준 선물이다.

30. 원로원에서나 개인들에게 말을 할 때 적정하게 어울리지만 과장되지 않는 말을 하라. 당신의 말을 분별 있고 건전하게 하라.

31. 아우구스투스의 궁전을 생각해 보라. 아내, 딸, 자손, 조상들, 누이, 아그리파[2], 친척, 친지들, 친구들, 아데이우스, 마케나스, 주치의들, 사제들 — 전체의 궁전, 모두가 사라졌다. 영광을 잃어버렸던 다른 내력들로 생각을 돌려라. 개인들의 소멸이 아니라 전체 종족의 소멸 — 예를 들어, 폼페이에서와 같은 종족 전체의 소멸 — 과 우리가 위령비에서 보는 '이 가문의 마지막 사람'이라고 쓰여진 비문으로 생각을 돌려라. 후계자를 남기기 위해 애썼던 선조들의 모든 고통을 생각해 보아라. 그런데도 결국에는 누군가가 최후의 인물이 되어야 하고 다시 종족 전체가 사라져버린다.

---

2 아그리파와 마케나스는 아우구스투스의 중요한 두 대신들이었다. 그들 사이에서 중요한 공공업무가 운영되었다. 아데이우스는 철학자였으며, 아우구스투스의 상담역이었다.

32. 당신의 행위 하나 하나가 완전한 삶을 위해 힘을 써 이바지해야 한다. 할 수 있는 한, 행위 하나 하나가 이 목적을 위해 본분을 다한다면, 만족하라. 왜냐하면 그것은 어느 누구도 하지 못하게 방해할 수 없는 것이기 때문이다. '외부로부터 방해가 있을 것이다'라고 당신은 말하겠는가? 그렇더라도 방해하는 장애물들은 당신 의지의 정당성, 분별력, 합리성을 침범하지 못할 것이다. 아마 '그렇지 않을 것이다. 그러나 어떤 실제의 행위가 방해를 받을지도 모른다'. 그렇다고 해도 당신이 선뜻 좌절에 굴복하여 사정이 허락하는 것을 받아들인다면, 당신은 우리가 말하고 있는 완전성과 동등하게 일치하게 될 어떤 두 갈림길을 대신하여 다른 것을 쓸 수 있다.

33. 조심성 있게 받아들이고 정중하게 내어주어라.

34. 아마 당신은 몸에서 잘라진 손이나 발이나 머리가 몸에서 떨어져 따로따로 버려져 있는 것을 본 적이 있을 것이다. 사람이 그에게 닥친 것을 받아들이지 못하고 그의 동료들로부터 떨어져나와 있을 때나 그가 이기적인 목적만을 위해 행동할 때 바로 그와 같은 짓은 스스로 빠져들려고 최선을 다하고 있는 상태이다. 그런 때에는 당신은 자연의 통일체로부터 추방당한 사람이 된다. 당신이 자

연의 일부분으로 태어났더라도 당신은 당신 자신의 손으로 당신 자신을 베어낸 셈이 된다. 그러나 아름다운 사려가 있다. 당신 자신을 재결합하는 것은 역시 당신의 능력에 있다. 피조물의 어느 다른 부분도 일단 갈라져 나누어졌다가 다시 합쳐진다는 혜택을 신에게서 받지 않았다. 그렇다면 신이 인간에게 명예를 준 우수성을 생각해 보라. 인간은 먼저 전체로부터 자신을 분리할 수 없을 뿐아니라 분리되었다 하더라도 뒤에 다시 돌아가 재결합되어 이전과 같이 그의 구성의 부분으로 다시 돌아가기도 하는 우수성을 그의 능력으로 받았다.

35. 이성적인 만물의 본성이 이성적 존재에게 그의 능력을 갖추게 했을 때 우리가 그 본질의 권력으로부터 받은 능력들 중 하나는 바로 이것이다. 그 본질 자체가 장애물이나 반항을 변형시켜 운명의 양식에서 그것을 본질의 부분으로 맞추고, 그것을 본질 자체로 동화시키듯이 이성적인 존재는 각각의 장애물을 자신을 위해 재료로 변화시키는 능력이 있어서 그 자신의 시도를 촉진하기 위해 그것을 사용한다.

36. 삶 전체를 생각하는 것으로 결코 당신 자신을 혼란시키지 마라. 좀더 정확히 말하면, 당신의 생각이 당신에게 닥칠지도 모르는

모든 일과 여러 가지 불행한 일들의 범위에 걸치지 않게 하라. 그러나 오히려 당신이 하나 하나 부딪칠 때마다 당신 자신에게 이렇게 물어보라. 이 상황에서 견딜 수 없고 버티어낼 수 없는 것이 무엇인가? 당신은 스스로 실패를 시인하는 것을 부끄럽게 여길 것이다. 다른 한편으로 당신을 괴롭히는 것은 미래나 과거의 압박이 아니고 언제나 현재의 압박일 뿐이라는 것을 기억하라. 당신이 엄격히 그것을 그것자체의 한계에 국한시킨다면 이런 괴로움조차도 줄여질 수도 있고 당신이 그러한 사소한 일마저도 참아낼 수 없다면 당신의 마음을 엄하게 책망하라.

37. 지금도 베루스의 무덤가에 판테아[3]와 페르가무스가 앉아 있는가? 하드리아누스의 무덤가에는 카브리아스나 디오티무스가 지금도 앉아 있는가? 우스운 일이다! 그들이 거기에 앉아 있다고 해도 죽은 사람이 그 사실을 알까? 그가 안다고 해도 그가 기뻐할까? 더욱이 죽은 사람 자신들이 기뻐한다 해도 애도자들은 그들로서는 영원히 살아갈 것이라고 기대될 수 있는가? 그들도 역시 늙은 남녀가 되었다가 그들의 차례가 되어 죽게 되는 운명이 정해지지 않았겠는가? 그래서 그들의 애도자들이 죽었을 때 애도를 받는 사람

---

[3] 판테아는 베루스의 정부였고, 페르가무스는 베루스에게서 해방된 노예였다.

들은 어떻게 할 수 있는가? 이 모두가 한 자루의 악취 나는 썩은 것일 뿐이다.

38. 현인 크리토의 말에 따르면, '당신이 관찰력을 가졌다면 관찰해 보라'.

39. 이성적 존재의 본질에서 나는 정의에 반대하는 말을 찾지 못하고 있다. 그러나 나는 쾌락의 탐닉에 반대하는 절제를 찾는다.

40. 당신이 고통스럽다고 생각하는 당신 자신의 생각을 없애버려라. 그러면 당신의 자아는 평온하게 있게 된다. '나의 자아, 그것은 무엇인가?' 당신의 이성이다. '그러나 나는 전혀 이성이 아니다.' 그렇게 말한다면 그럴 테지, 그러한 경우에 적어도 당신의 이성이 그 자체를 고통스럽지 않게 하라. 그런데 당신의 다른 부분이 고통을 겪는다면 그것 자체에 관한 그 부분의 생각이 그 부분 자체의 관심이 되게 하라.

41. 우리의 신체에 활기를 띠게 하고 생명력의 본성에 어떤 감각의 장애는 악이고 어떤 노력의 장애도 악이다. 마찬가지로 식물의 본성도 그것 자체의 장애와 그것의 악이 있다. 따라서 정신의 어떤

장애도 정신의 본성에 대한 악이다. 이 모든 것을 당신 자신의 경우에도 적용하라. 고통이 당신에게 영향을 미치는가? 또는 쾌락이 당신에게 영향을 미치는가? 감각이 그것을 맡아 처리할 것이다. 당신은 어떤 노력에서 방해를 받아본 적이 있는가? 있을 수도 있는 실패를 고려하지 않고 이 같은 노력을 했다면 이와 같은 장애가 이성적인 존재로서 당신에게 참으로 악이라는 것은 사실이다. 그러나 일단 당신이 일반적인 필연성을 받아들였다면 당신은 아무런 상처를 입지 않고, 아무런 장애도 겪지 않을 수 있다. 정신 자체의 영역 안에는 정신을 좌절시킬 수 있는 사람이 아무도 없다. 불, 칼, 압박, 비방, 그리고 다른 모든 것은 정신을 건드릴 수 없다. '일단 둥근 공 모양을 이루어 이상이 없는 지구는 구체로 없어지지 않고 있게 된다.'[4]

42. 나는 고의로 결코 다른 사람에게 고통을 준 일이 없지만 내 자신에게 고통을 주는 권리도 없다.

43. 사람들 각자에게 그 자신의 행복이 있다. 나로서는 나의 자주적인 능력의 완전성은 이성이다. 그것은 인류와 인류의 변화를

---

[4] 엠페도크레스가 한 말

꺼리지 않는 것이고, 온화한 눈으로 만물을 전망하고 받아들이는 능력이고, 그것들의 공과에 따라 그것들을 이루는 것이다.

44. 오늘을 될 수 있는 대로 최대로 이용하라. 그 대신 내일의 칭찬을 목표로 삼는 사람들은 미래의 세대들이 지금 참아내는 사람들과 결코 다르지 않을 것이라는 것을 생각하지 못하고, 죽어야 할 운명이 더 적어지지 않는다는 것도 생각하지 못한다. 어쨌든 후세의 사람들이 뭐라고 말하거나 당신 자신에 대해 어떤 견해를 갖는다고 한들 그것이 당신에게 무슨 상관이 있을 수 있겠는가?

45. 당신이 원하는 어느 곳에나 나를 데리고 가 나를 집어던져 보아라. 나는 나의 내부에 신성을 가질 것이고, 그 신성이 신성의 본질에 맞게 느낄 수 있고 행동할 수 있는 한, 평온할 것이고 만족할 것이다. 이런 계기의 문제는 나의 영혼이 그 일로 괴로워하여 더 악화되고, 위축하여 소심한 일에 맞추고, 애원하고, 얼빠지는 것인가? 도대체 무언가가 그토록 중요할 수 있는가?

46. 당연히 사람의 처지에 부수적으로 일어나는 것을 제외하고 아무런 사건도 사람에게 일어날 수 없고, 당연히 황소, 포도나무, 그리고 돌의 본성에 들어 있어야 하는 것을 제외하고 어떤 사건도

황소, 포도나무, 그리고 돌에 일어날 수 없다. 그래서 만물이 그것들에게 통례적이고 본질적인 것만을 겪게 된다면 왜 불평을 하겠는가? 그들의 것과 같은 당신의 본성은 당신이 참을 수 없는 어떤 것도 당신에게 가져다주지 않는다.

47. 당신이 외부의 어떤 것으로 괴로워한다면, 그 고통은 그것 자체 때문이 아니고 그것에 대한 당신 자신의 판단 때문이다. 당신은 어느 때나 당신의 판단을 철회할 수 있다. 그 괴로움의 원인이 자신의 성격에 있다면, 당신의 행동 원리를 고치려고 하라. 그 점에서 누가 당신을 방해하겠는가? 당신을 괴롭히고 있는 행동에 대해 어떤 명백하게 건전한 방침을 쓰지 않는다면 왜 괴로워하는 대신 건전한 방침을 쓰지 않는가? '이겨낼 수 없는 어떤 장애가 방해하기 때문이다.' 그렇다면 인생에 기분 좋은 작별 인사를 하라. 정중하게 좌절을 받아들이고 행동이 방해받지 않았던 어떤 다른 사람과 같이 죽어라.

48. 반항이 전적으로 불합리할지도 모르지만 당신의 강한 자아가 일단 그 자체 안으로 물러나 그것의 의지를 거슬러 행동하지 않고 조용히 있을 때 당신의 더 높은 수준에 있는 자아는 정복할 수 없는 것이 된다는 것을 기억하라. 게다가 자아의 결정이 이성과 신

중함에 근거되어졌을 때, 훨씬 더 정복될 수 없다! 그러므로 걱정에서 벗어난 정신은 바로 성채와 같다. 사람은 피난처를 찾아 도망칠 수 있고, 모든 공격을 허용치 않은 성채로 이보다 더 튼튼한 성채를 가질 수 없다. 이 사실을 깨닫지 못한 사람은 무지한 사람이다. 그 사실을 깨닫고도 피난처를 찾지 않는 것은 참으로 불행한 일이다.

49. 결코 당신이 느끼는 첫인상 이상으로 나아가지 마라. 옆에 있는 사람들이 당신에게 이러 이러한 사람이 당신을 나쁘게 말한다고 말해 준다. 그것은 그 사람들이 전해 주는 말이었다. 그들은 그 말이 당신에게 어떤 해를 입혔다고 계속 말하지 않았다. 나는 나의 아이가 아픈 것을 본다. 나의 눈은 나에게 그것을 말해 준다. 그러나 눈은 그의 생명이 위독하다는 것을 비추지는 않는다. 그러므로 언제나 첫인상에서 벗어나지 마라. 당신 자신의 것을 아무것도 보태지 마라. 그러면 당신은 안전하다. 또는 오로지 만물이 생겨나는 위대한 세계 질서의 인식만을 보태라.

50. 당신의 오이가 쓴가? 버려라. 당신이 가고 있는 길에 찔레나무가 있는가? 비켜가라. 그것으로 충분하다. '도대체 왜 이런 일이 생겨난 것일까?'라고 말하지 마라. 당신이 목수나 제화공의 작업

에서 보았던 그들의 일에서 생기는 대팻밥과 가죽 지스러기를 흠잡는다면 그들이 비웃듯이 자연을 잘 아는 사람은 당신을 비웃을 뿐일 것이다. 그래도 어찌 됐든 그들은 그들이 쓰레기를 버릴 장소를 가지고 있지만 자연은 그런 외부의 장소를 가지고 있지 않다. 바로 그것은 자연이 가지고 있는 기술의 기적이다. 이런 자기 한계에도 불구하고 자연은 외부에서 들어오는 새로운 물자나 자연의 폐물을 버리는 장소가 필요하지 않도록 닳아빠지거나 낡았거나 쓸모없다고 생각되는 모든 것을 자연 자체로 바꾸어 놓는다. 자연 자신의 공간, 자연 자신의 재료, 그리고 자연 자신의 기술은 자족한다.

51. 꾸물거리는 행동, 사리가 맞지 않는 대화, 분명치 않은 생각, 영혼이 너무 내적으로 속박 받고, 영혼이 너무 외적으로 심정을 토로하고, 여유가 없는 삶, 이런 것들을 피하라. 순교를 당하고, 수족 절단을 당하고, 매도당하는 것을 생각해 보라. 그것들은 어떻게 순수하고, 건전하고, 온화하고, 올바르게 남아 있으려고 하는 정신의 능력에 영향을 미칠 수 있는가? 어떤 사람이 맛좋고 맑은 샘물가에 서서 그 샘물에 사나운 말을 퍼부어도 그 샘은 신선하고 건강에 좋은 물을 여전히 내뿜을 것이다. 그가 진흙과 오물을 던져넣는다해도 그 샘은 재빨리 그것들을 흩어서 밖으로 씻어내어 다시 맑게

될 것이다. 어떻게 당신은 그런 영원한 샘을 소유할 것인가? 전적인 자애, 순박함, 겸손으로 언제나 당신 자신의 주인이 되는 권리를 보호함으로써 당신은 그런 영원한 샘을 소유할 수 있다.

52. 우주의 본성을 모르면 사람은 그가 어디에 있는지를 알 수 없다. 우주 본성의 목적을 모르면 그는 그가 무엇인가를, 우주 자체가 무엇인가를 알 수 없다. 이런 발견들 중 어느 쪽이든 그에게 숨겨진다고 하자. 그러면 그는 그 자신의 존재이유조차도 제시할 수 없을 것이다. 그렇다면 군중들이 군중 자신들이 어디에 있는가도 군중자신들이 무엇인가도 모를 때 우리는 고함치는 군중들의 갈채를 받으려고 하거나 피하려고 하는 사람을 어떻게 생각할까?

53. 한 시간에 세 번씩이나 자기 생각대로 저주를 퍼붓는 사람의 찬사를 당신은 듣기 원하는가? 당신은 자기 자신조차도 기쁘게 할 줄 모르는 사람을 기쁘게 해주려고 하는가? 사람이 하는 일마다 거의 후회할 때 어떻게 그가 그 자신을 기쁘게 할 수 있겠는가?

54. 당신의 호흡이 돌아 흐르는 공기를 들이마시는 것처럼 당신의 생각도 돌아 흐르는 정신을 마시게 하라. 왜냐하면 호흡할 수 있는 사람에게 대기가 있는 것과 마찬가지로 자기 자신에게 끌어

들일 수 있는 사람에게는 도처에 있고 모든 부분에 퍼져 있는 정신력이 있기 때문이다.

55. 인류의 일반적인 사악은 우주에 해를 끼칠 수 없다. 한인간의 개별적인 사악도 같은 인간에게 해를 끼칠 수 없다. 사악은 아무도 해치지 않지만 범죄자는 그 자신을 해친다. 그가 그렇게 선택하자 그는 사악으로부터 벗어나게 할 수 있다.

56. 나의 이웃사람의 의지는 그의 호흡이나 육체와 마찬가지로 나의 의지에는 중요한 관심사이다. 우리가 서로를 위해 만들어졌다 하더라도 각 사람의 자아는 자아 자신의 자주적인 권리를 가지고 있다. 그렇지 않다면 내 이웃사람의 사악은 나의 재해가 되었을 것이다. 신은 이것을 원하지 않았다. 나의 행복의 파멸이 다른 사람의 뜻대로 되지 않게 했다.

57. 햇빛은 내리쬐어 사방에 쓰지만 결코 고갈되지 않는다. 왜냐하면 이와 같이 내리쬐는 것은 자기 확정일 뿐이기 때문이다. 사실은 햇살이란 말은 '확장된다'를 의미하는 말에서 나온 것이다. 햇살의 특성을 알려면 햇살이 좁은 틈새를 통해 어두워진 방 안으로 흘러들어갈 때 햇빛을 지켜보아라. 햇살은 직선으로 뻗어나가다가

저쪽 대기로 통행을 막는 어떤 단단한 물체에 마주쳐서 방해 받아서 살짝 빠져나가거나 없어져 버리지 않고 그것에 멈추어 있다. 생각의 발산과 확산은 이와 같아서 고갈되지 않고 단지 전력을 다해 뻗어나가고, 마주치는 장애물에 격렬하거나 광포하게 충돌하지 않아야 하고, 절망하여 내려앉아도 안 되지만 그것의 입장을 굽히지 않고 머무는 곳에서 대상을 환히 비추어야 한다. 햇빛을 투사하지 못하는 것은 다만 빛의 자기 상실이다.

58. 죽음을 두려워하는 사람은 모든 감각을 잃어버리는 것을 두려워하거나 새로운 감각을 두려워한다. 실제는 당신은 아무것도 전혀 느끼지 못할 것이다. 그러므로 당신은 사악한 아무것도 느끼지 못할 것이다. 그렇지 않고, 당신이 어떤 새로운 감각을 느낄 수 있다면, 당신은 새로운 피조물이 될 것이고, 삶이 끝나지 않을 것이다.

59. 사람들은 서로를 위해 존재한다. 그러므로 그들을 좋게 고치거나 그들을 지그시 참아내라.

60. 화살이 나아가는 것과 정신이 나아가는 것은 전혀 다르다. 정신이 신중하게 진로를 생각하고 모든 각도에서 문제점에 대하여

때때로 방향을 바꿀 때조차도 정신은 여전히 똑바로 전진하여 목표를 향하여 나아간다.

61. 당신의 이웃사람의 정신을 지배하는 원칙 안으로 들어가고, 그가 당신의 정신을 지배하는 원칙 안으로 들어오게 하라.

대개의 사람은 운명에 지나친 요구를 해서 스스로 불만의 씨를 만든다.
― 훔볼트 / 독일의 언어학자

MARCUS AURELIUS
MEDITAIONS

제9편

1. 부정은 **죄이다**. 자연은 이성적인 존재 각자가 그들의 가치에 따라 그의 동료들을 돕고, 결코 그의 동료들을 해치지 않는 그들 자신의 상호 이익을 위해 이성적 존재들을 만들었다. 자연의 의지를 무시하는 것은 분명히 모든 신들 중 가장 손위인 신에 대해 죄를 범하는 것이다. 진실하지 않은 것도 죄이고, 같은 여신들에 대해서 죄를 범하는 것이다. 왜냐하면 자연은 존재 자체의 본성이기 때문이다. 그래서 존재는 모든 창조된 존재들과 매우 밀접한 관계라는 뜻을 품고 있다. 진리는 모든 진실한 사물의 본래 창조자인 자연의 다른 이름일 뿐이다. 그래서 거기에는 고의로 거짓말을 하는 것은 죄이다. 속이는 것은 부정한 행동이기 때문이다. 본의 아닌 무심결의 거짓말도 죄이다. 거짓말은 자연의 조화에서 조화하

지 않은 특색이고, 질서 있는 우주에서 반항적인 무질서를 일으키기 때문이다. 본의 아니게라도 사람이 진리에 따르지 않고 어긋날 때, 그 행동은 정말로 반항적이다. 그 사람은 더 이상 진위를 식별할 수 없을 만큼 자연이 그에게 주었던 능력을 소홀히 했다.

또 한편, 쾌락을 선으로 추구하고 고통을 악으로 회피하는 것은 죄이다. 이런 행동은 결국 자연이 악행과 덕행의 응보에 불공평하다는 불평을 반드시 일으키게 된다. 그 불평은 흔히 쾌락을 누리고 쾌락을 얻는 많은 수단 방법을 가지고 있는 사람은 악인인데, 고통과 고통을 일으키는 사건, 사고는 선인들에게 흔히 일어난다는 것이다. 게다가 어떤 사람이 고통을 두려워한다면 그 사람은 사물들에게 정해진 질서의 한 부분을 이루게 될 어떤 현상을 두려워한다. 이것 자체가 죄이다. 아니다. 자연 자신이 공평하게 사물을 다루지 않을 때 — 자연이 공평하게 다루었다면, 자연은 고통과 쾌락을 병행하여 생기게 하지 않았을 것이다 — 한마음이 되어 같은 공정함을 보여 주는 것은 자연을 그대로 따르는 사람의 의무이다. 그러므로 동등한 태연함으로 고통이나 쾌락, 죽음이나 삶, 명성이나 불명예를 — 공정하게 자연이 부리는 그것들 모두를 — 바라보지 않는 사람은 분명히 죄를 범한다. 자연이 공정하게 그것을 부린다는 말에서 나는 창조된 사물들의 모든 계속되는 세대가 동등하게 차례로 똑같은 경험을 겪는다는 뜻으로 말했다. 왜냐하면 이 사실은 우주의 시작부터 우주의 현재 질서정연한 체제로 발전시키기 위해 태초에 섭리를 — 미래의 존재들을 형성할 배아를 얻고, 자아 실현, 변이, 계승의 생산 능력을 그것들에게 부여하여 — 움직였던 최초의 충동이 남긴 결과이기 때문이다.

2. 원기 왕성하고 즐겁게 살았던 사람은 세상의 거짓, 위선, 사치, 그리고 오만을 겪어보지 않고 세상을 떠나갔을 것이다. 그러나 지금 당신이 모든 이런 것들을 싫증날 정도로 겪었으므로, 다음으로 써야 할 가장 좋은 방침은 당신의 삶을 곧 끝내는 것일 것이다. 또는 당신은 부정 속에 빠진 채 계속 살아가기로 결심했는가, 경험이 이 부정의 유행병에서도 도망가라고 당신을 설득하지 않았는가? 왜냐하면 정신의 감염은 우리를 둘러싼 대기에서 어떤 해로움이나 무질서보다 훨씬 더 위험스러운 질병이기 때문이다. 우리가 동물인 한 대기의 해로움이나 무질서는 우리의 생명을 공격하지만, 정신의 질병은 우리의 인간성을 공격한다.

3. 죽음을 경멸하지 마라. 오히려 죽음이 오는 것을 보고 미소지어라. 죽음은 자연이 의도하는 일들 중의 하나다. 청춘과 노년같이, 성장과 성숙같이, 이, 수염, 그리고 흰머리털이 생기는 것같이, 탄생, 임신, 출산같이, 인생의 시기들이 우리에게 가져다 주는 모

든 다른 자연의 과정같이, 우리의 죽음은 자연의 과정 중 하나이다. 그러므로 사고하는 사람은 죽음을 경솔하게, 초조하게, 경멸하여 생각하지 않을 것이다. 그는 자연과정의 하나로서 죽음을 기다릴 것이다. 당신이 아내의 자궁에서 아기가 빠져나오는 것을 기다리듯이, 당신은 작은 영혼이 그것의 집에서 미끄러져 나오는 시간을 기다린다.

 그러나 당신의 마음이 하찮은 위안이라도 갖고 싶다면 당신이 남겨두고 떠나갈 주위 환경과 당신이 더 이상 어울리지 않아도 될 성격의 본성을 생각하는 것과 마찬가지로 죽음에도 아랑곳없는 위안이 있다. 그렇다고 당신이 이러한 마음에 걸리는 것들을 찾아내야 한다는 것은 아니다. 오히려 당신의 임무는 그것들을 돌보고 조심스럽게 참아내는 것이다. 그러나 당신이 당신 자신의 원칙과 다른 원칙을 가지고 있는 사람들과 헤어진다는 것을 결코 잊지 마라. 있다면 한 가지 당신을 삶에 붙잡아 놓는 것이다. 그것은 같은 마음을 가진 사람들과 교류를 맺는 기회다. 그러나 당신이 매우 함께 어울리지 못하는 사람들 틈에서 삶의 지루함을 심사숙고할 때 당신은 '죽음이여, 어서오라. 내가 내 자신을 잊지 않게 하라' 라고 소리치게 된다.

 4. 죄인은 그 자신을 거슬러 죄를 범한다. 악행자는 그 자신의 행

동으로 더욱 나쁜 쪽이 되어 그 자신에게 해를 끼친다.

5. 사람은 마음먹고 저지른 죄 뿐만 아니라 종종 마땅히 해야 할 행위를 일부러 하지 않음으로써 죄를 짓는다.

6. 당신의 현재 견해가 확신에 기초를 두었고, 당신의 현재 행동이 이기적이 아닌 것에 기초를 두었고, 당신의 현재 성질이 외부에서 당신에게 닥치는 것은 무엇이든 만족한다면 그것으로 충분하다.

7. 환상을 지우고, 충동을 억제하고, 욕망을 억누르고, 자주적인 이성이 지배력을 가지게 하라.

8. 하나의 생명 본질이 비이성적 피조물들 각자에게 분배되었고, 하나의 지성 본질이 이성적인 피조물들 각자에게 분배되었다. 그것은 이 하나의 지구가 지구의 만물들에게 존재 형식을 주고, 시력이 있고 생명이 있는 우리 모두가 동일한 빛으로 보고, 동일한 공기로 숨을 쉬는 것과 같다.

9. 같은 원소를 나누어 가지고 있는 만물들은 그들 자신의 종류

를 찾는 경향이 있다. 흙의 성질을 갖고 있는 사물들은 흙에 끌리고, 물의 성질을 갖고 있는 사물들은 서로를 향하여 흐르고, 공기 성질을 갖고 있는 사물들도 똑같다. 그러므로 그것들을 강제적으로 제각기 떼어 놓은 장벽이 필요하다. 불의 요소 때문에 불꽃의 성향은 하늘로 올라가는 것이다. 이승에서조차 그 요소들은 물질이 메마른 것이면 어떤 종류의 물질이든 쉽게 타오를 만큼 같은 종류의 다른 물질들이 결합되기를 간절히 원한다. 왜냐하면 타오르는 것을 방해하는 요소가 거의 없기 때문이다. 이와 같이 모든 우주의 성향은 서로를 향해 끌어 당겨진다. 피조물의 단계에서 위치가 더 높아져서 그것들이 친화력으로 혼합하고 결합하려는 그것들의 열망은 비례하여 강렬하게 된다. 우리가 떼를 짓는 벌들, 무리를 지어 모이는 소, 집단으로 둥지를 트는 새들, 교미하는 암수의 쌍들을 볼 때 이 재결합의 본능은 이성을 지니지 못한 피조물들에서 그 첫 단계가 나타난다. 그 동물에서 영혼이 이미 나타났고, 그들의 것과 같은 비교적 높은 생명의 형태에서 돌이나 나무막대기에는 없는 강렬한 결합의 욕구가 발견된다. 우리가 이성을 가진 존재로 태어났을 때 정치적 연합 단체, 동료관계, 가족생활, 공공의 집회들이 있고, 전쟁의 시기에는 조약과 휴전이 있고, 더 높은 질서들에서는 화합의 방법은 서로 멀리 떨어져 있는 개체들 사이에는 ― 예를 들면 별들의 경우와 같이 ― 꼭 있다. 따라서 창조의 서열에서 상승은 근접성이 없는 곳에서도 동료 의식을 일으킬 수 있다.

그러나 이제 일어나는 것을 보아라. 이런 상호 화합의 열망을 잊어버린 것은 오직 우리 — 지적인 존재인 우리 — 들이다. 우리들 사이에서만은 그 흐름은 한 곳에 모이는 것이 보이지 않는다. 그럼에도 불구하고 사람이 타려고 하는 대로 도망치려고 하더라도 사람은 여전히 붙잡혀 있게 된다. 자연은 사람에게 너무 강하다. 신중히 관찰해 보아라. 그러면 당신은 알게 될 것이다. 당신은 다른 사람들과 전혀 유대 관계를 갖지 않고 있는 사람보다는 다른 어떤 흙의 성질과도 관계가 없는 흙의 성질을 가진 어떤 한 조각을 발견할 것이다.

10. 모든 것은 열매를 맺는다. 사람, 신, 전 우주는 각기 적당한 계절에 열매를 맺는다. 적정한 계절이란 말이 흔히 사용되는 대로 포도나무와 그와 같은 것에 제한된다 해도 전혀 문제될 것이 없다. 이성도 그것 자신을 위해서도 세상을 위해서도 열매를 맺는다. 왜냐하면 그것에서 모든 것이 이성의 특징이 있는 다른 좋은 일들 자신의 소출이 생기기 때문이다.

11. 당신이 할 수 있다면, 그들을 더 잘 가르쳐라. 그럴 수 없다

면, 온정이 이와 같은 때를 위해 당신에게 주어졌다는 것을 기억해라. 신들 자신은 그런 사람들에게 친절을 보여준다. 때로는 신들은 매우 관대하여 건강, 부, 또는 명성을 얻으려는 사람들의 노력에서 그 사람들을 도와주기까지 할 것이다. 당신도 그렇게 할 수 있을 것이다. 누가 당신을 방해하겠는가?

12. 스스로 열심히 일하라. 그러나 당신이 희생되는 것처럼, 동정이나 칭찬을 얻으려는 어떤 욕망으로 일을 하지 마라. 오직 한 가지 일만을 욕구하라. 당신의 활동이나 활동하지 않은 것이 똑같이 이성 있는 시민이 되기에 족해야 한다.

13. 오늘 나는 모든 나의 난처한 일들에서 벗어났다. 더 정확히 말하면 나는 난처한 일들을 내 자신의 밖으로 내쫓아버렸다 — 왜냐하면 그것들은 외부에 있었던 것이 아니고 내부에 있었다. 다시 말해서 그것들은 내 자신의 사고방식 속에 있었다.

14. 모든 것은 경험에 있어서 평범하고, 존속 기간에서 덧없고, 내용에서 가치가 없다. 모든 점에서 모든 것은 이제 죽어서 땅에 묻힌 시대의 사람들이 알고 있었던 것과 오늘에도 똑같다.

15. 사실은 전적으로 우리의 출입구 밖에 서 있다. 사실은 현재의 있는 그대로이지 그 이상이 아니다. 사실은 그것 자신에 관해서 아무것도 알지 못한다. 사실은 그 자신에게 판결을 내리지 않는다. 판결을 내리는 것은 무엇인가? 우리 자신의 안내자이며 통치자인 이성이다.

16. 좋든 나쁘든 이성적이고 사회적인 존재의 밖으로 나가는 행동이 의지의 산물이고 감정의 산물이 아니듯이 이성적이고 사회적인 존재는 본래 좋든 나쁘든 그의 감정으로 영향 받는 것이 아니고 그의 의지로 영향을 받는다.

17. 던져진 돌의 점에서 내려가는 것이 악이 아닌 것은 올라가는 것이 선이 아닌 것과 같다.

18. 사람들의 깊은 마음속을 꿰뚫어보라. 그러면 당신은 당신이 두려워하는 비평가들의 방식이 어떤 것이며, 그들이 그들 자신들을 어떻게 비평할 것인가를 알게 될 것이다.

19. 만물은 변화의 과정에 있다. 당신 자신은 끊임없이 변화를 받고 있고 당신 몸의 기관들 중 어떤 것은 쇠퇴한다. 전우주도 그

러하다.

20. 다른 사람의 비행이 행해지는 곳에 그 비행을 그대로 남겨두어라.

21. 활동의 중단, 또는 정지에는 그리고 사실은 충동이나 의견의 소멸에는 악이 없다. 당신 자신의 성장 단계들을, 다시 말하여 유년시절, 소년시절, 청년시절, 노년시절을 돌이켜보아라. 각각의 변화 자체가 일종의 죽음이었다. 이런 변화가 매우 무서웠는가? 또는 당신이 할아버지와 함께 살았던, 어머니와 함께 살았던, 아버지와 함께 살았던 삶을 생각해 보아라. 그런 시절에 있었던 수많은 차이, 변화, 그리고 단절들을 더듬어 올라가 생각해 보고 '그것들이 매우 무서웠는가?' 라고 당신 자신에게 물어보아라. 그런데 삶 자체에서 정지, 중단, 변화는 두려워 할 일이 아니다.

22. 당신 자신의 정신, 우주의 정신, 당신 이웃의 정신, 이것들 모두를 즉시 탐구해 보아라. 당신 자신의 정신, 당신은 그것을 올바르게 만들 수 있을지, 우주의 정신, 당신이 그것의 일부분이라는 것을 당신은 기억할 수 있는지, 이웃의 정신, 그것이 알지 못하는데 알게 되었는지, 지식으로 알게 되었는지를 당신이 이해할 수 있

을지, 그것이 당신 자신의 정신과 유사한 것인지도 인정할 수 있는지를 탐구해 보아라.

23. 당신 자신을 한 단위로서 당신은 사회 전체를 완전하게 하는 것을 돕고 있다. 그러므로 마찬가지로 당신의 모든 행동은 사회생활을 완전하게 하는 것을 도와야 한다. 직접적이든 간접적이든 이런 사회적인 목적에 관련되지 않은 어떤 행동이든 그런 생활은 뿔뿔이 흩뜨려 사회의 단위를 파괴한다. 그런 행동은 한 공동체의 어떤 주민이 전체가 합의한 문제와 관계를 끊으려고 온힘을 기울일 때같이 분리자의 행동이다.

24. 어린애 같은 말다툼, 어린애 같은 장난, "죽은 육체를 짊어지고 가는 불쌍한 영혼" — 그야, 호머의 시에 나오는 유령들이 한층 더 분명한 현실성을 가지고 있다.

25. 먼저 본래의 원인에 대한 본질과 특성을 알아내라. 원인이 구체화한 요소와 원인을 분리시키고 그 원인을 생각하여 살펴보아라. 그런 다음에 그 원인의 결과가 얼마나 계속되겠는가를 헤아려 보아라.

26. 당신은 당신의 안내자이며 주인인 이성이 본래의 일을 하는 것은 받아들일 수 없기 때문에 당신이 품어야 했던 비애는 헤아릴 수 없이 많다. 자, 이젠, 이런 일은 더 없을 것이다.

27. 당신 주위의 사람들이 당신에게 그들의 비난이나 적대하는 마음을 드러낼 때나 어떤 다른 해가 되는 불평의 소리를 지를 때 그들의 영혼으로 다가가 그들의 영혼 속으로 꿰뚫고 들어가서 그들이 어떤 사람인가를 살펴보아라. 당신은 그들이 당신을 좋게 생각하게 하기 위하여 정성들여 노력할 이유가 없다는 것을 알게 될 것이다. 아무래도 상관없다. 그들을 관대하게 생각하는 것은 결국 당신의 직무이다. 자연은 그들이 당신의 친구가 되게 했다. 그러므로 신들 자신들까지도 그들의 마음을 돌려서 목적을 이룰 수 있도록 꿈과 계시로 그들에게 온갖 도울 힘을 빌려준다.

28. 올라가고, 내려가고[1], 시대마다 우주의 순환은 변함이 없다. 아마 세계 정신은 사건이 제각기 따로 떼어져 계속 일어나기를 바랄지도 모른다. 그렇다면 그 결과를 받아들여라. 또는 아마 의지의 최초 행동은 하나뿐이었을 것이다. 다른 모든 것은 그것의 결과일지도 모른다. 따라서 하나의 사건은 다른 사건의 근원일 것이다.

---

[1] 끊임없이 불에서 공기로, 공기에서 물로, 물에서 흙으로, 그 다음에 다시 그 반대의 순서로 변화한다고 헤라크리투스가 가르쳤던 것이다.

다시 말하면 사물들은 분리된 단위들이거나 그것들은 하나의 분리할 수 없는 전체를 이루고 있다. 그 전체가 신이라면 모든 것들이 잘 될 것이다. 그러나 목적 없는 우연한 일이라도 어쨌든 당신은 목적이 있어야 한다. 머지않아서 흙이 우리 모두를 덮어버릴 것이다. 그 다음에 흙도 머지않아 변화할 것이다. 이 변화에서 생기는 것은 차례차례 끊임없이 변화할 것이다. 그 다음에 자기 위치를 차지하는 모든 것들도 그럴 것이고 세상이 끝날 때까지 이어질 것이다. 이렇게 빠르게 흘러가는 변화와 변이의 물결을 생각한다면 누구라도 죽음을 면치 못하는 모든 것을 경멸할 수 있게 될 것이다.

29. 최초의 원인은 도도하게 흐르는 강물과 같다. 그 최초의 원인은 모든 것을 함께 짊어지고 간다. 정치 놀이를 하고 자신들이 진정한 철학 정신으로 행동하고 있다고 확신하고 있는 어린애 같은 사람들이 참으로 한심스럽다. 그들의 콧물조차도 닦아내지 못하는 갓난아이구나! 그렇다면 사람인 당신은 어떻게 해야 하는가? 그야, 이제 본성이 당신에게 원하는 것을 하라. 기회가 있을 때 그 일을 하라. 누군가가 당신을 지켜보고 있지는 않는지 주위를 살펴볼 필요는 없다. 그러나 플라톤의 이상 국가는 기대하지 마라. 사소한 노력이라도 잘 되면 만족하고, 그 결과를 보잘 것 없는 성공이라고 생각하지 마라. 왜냐하면 누가 사람들의 확신을 바꿔놓기

를 바랄 수 있겠는가? 확신을 바꿀 수 없다면 꺼리는 종속과 가장된 동의 외에 무엇이 있을 수 있겠는가? 라는 이유 때문이다. 오, 그렇다. 이제 알렉산더, 필립, 팔레룸의 데메트리우스의 이야기를 나에게 들려주라. 그 사람들이 참으로 자연의 의지를 이해하고 그것을 따르기 위해 그들 자신들을 훈련시켰다면, 그것은 그들 자신의 일이다. 그러나 그것이 그들이 공연했던 극의 무대 역할에 지나지 않다면, 어느 궁전도 그들의 전례를 모방했다고 나를 비난하지 않을 것이다. 철학은 조심성 있는 직업이고, 매우 단순하고 소박한 태도를 가진다. 결코 근엄한 허세의 유혹에 나를 빠지지 않도록 하라.

30. 신비스런 의식들을 거행하고, 폭풍우 치는 날에도, 물결이 잔잔한 날에도 여러 가지로 항해를 하고, 천태만상으로 세상에 와서 더불어 살다가 세상을 떠나는 헤아릴 수 없이 많은 사람의 무리들을 높은 곳에서 내려다보아라. 지나간 많은 세대의 생활을 곰곰이 생각해 보라. 그 다음에는 이제부터 살아갈 모든 사람들의 생활을, 그리고 현재에도 외진 곳에 사는 야만인 무리들의 생활을 생각해 보아라. 요컨대 얼마나 많은 사람들이 당신의 이름을 모르고, 얼마나 많은 사람들의 생활을, 그리고 현재에도 외진 곳에 사는 야만인 무리들의 생활을 생각해 보아라. 요컨대 얼마나 많은 사람들

이 당신의 이름을 모르고, 얼마나 많은 사람들이 당신의 이름을 빨리 잊어버리고, 지금은 당신을 칭찬하지만 얼마 지나지 않아서 당신을 비난할 사람들이 얼마나 많은가를 생각해 보아라. 그러므로 그런 기억, 명예, 다른 모든 것들이 아무런 가치가 없다는 것을 생각해 보아라.

31. 외부의 주위 사정으로 시달릴 때 평정을 잃지 마라. 내부의 원인으로 행동의 자극을 받았을 때 올바르고 공평하라. 요컨대 의지와 행동 양쪽이 사회적인 행위와 당신의 존재 법칙을 이행하는 행위에서 나오게 하라.

32. 당신을 괴롭히는 많은 불안은 필요하지 않다. 당신 자신의 환상이 만들어낸 것일 뿐이므로 우주 전체를 바라보고, 각각의 창조된 사물들의 빠른 변화에 주의를 기울이고 태어나기 전의 무한한 긴 시간과 죽은 뒤에 오는 영원한 시간과 탄생과 사망 사이의 짧은 시간을 대조해 보고 당신은 불안에서 벗어날 수 있고 한층 더 광대한 영역으로 확대할 수 있다.

33. 잠시 동안이다. 그래서 당신의 눈앞에 있는 모든 것은 이제 사라질 것이다. 그 모든 것이 사라지는 것을 보는 사람들도 머지않

아 사라질 것이다. 그리하여 장수한 사람과 요절한 사람 사이에 우열은 어떤 것이 있겠는가?

34. 사람들을 이끄는 본능을 주의하여 잘 살펴보라. 그들이 사물을 좋아하고 소중히 하는 이유를 주의하여 살펴보아라. 요컨대 그들의 영혼을 벌거벗겨놓고 살펴본다고 상상해 보라. 그러나 그들은 그들의 칭찬이나 비난이 도와주거나 해치는데 중요하다고 생각한다. 이 얼마나 어처구니없는가!

35. 상실은 변화일 뿐이다 그런데 변화는 자연의 즐거움이다. 세상이 시작된 때부터 내내 사물들은 지금의 현상과 똑같은 방법으로 자연의 법령으로 규제를 받아왔고, 다른 비슷한 사물들도 세상이 끝날 때까지 자연의 법령으로 규제를 받을 것이다. 그렇다면 당신은 그것이 아주 잘못 되고, 앞으로도 늘 그럴 것이라고, 하늘에 있는 신들의 어떤 능력도 그것을 바로잡는데 소용이 없다고, 세상은 영원히 재난의 속박을 받게 운명지어져 있다고 말해서는 안 된다.

36. 우리들 모두의 실체는 애초부터 쇠퇴하게 되었다. 물, 흙, 뼈, 그리고 악취들이 그렇다. 우리의 귀중한 대리석은 흙이 단단하

게 굳은 것일 뿐이다. 우리의 금과 은은 흙의 앙금이고, 우리의 의류는 털 조각이고 우리의 자줏빛은 피일 뿐이다. 다른 모든 것들도 이와 같다. 그러므로 우리 삶의 활기도 그렇다 — 그것은 이것에서 저것으로 지나가듯이 언제나 지나간다.

37. 인생을 비참하게 살아가는 것이, 끊임없이 불평하며 살아가는 것이, 그리고 원숭이처럼 기괴한 행동을 부리며 사는것이 질색이다. 왜 당신은 당신 자신을 그렇게 흔들어대야 하는가? 새로운 일은 아무것도 일어나지 않고 있다. 그러면 당신을 혼란시키는 것은 무엇인가? 그 일의 형태인가? 그것을 잘 살펴보라. 그 일의 문제인가? 그것을 잘 살펴보라. 형태와 문제 외엔 아무것도 없다. 이렇게 늦은 시간까지도 신들이 보기에 더 성실하고 더 좋은 사람이 되려고 노력하라. 이런 교훈을 깊고 자세하게 아는 것에 대해 삼 년은 백 년과도 같다.

38. 사람이 죄를 지었다면, 그 해악은 그 사람 자신의 것이다. 그러나 아마 그는 죄를 짓지 않았을지도 모른다.

39. 어떤 사물이든 하나의 지능이 있는 근원에서 시작되고 모든 것들은 말하자면 하나의 몸을 구성하기 위하여 제자리에 들어앉는

다 — 그런 경우에 어느 부분도 전체의 이익을 위해 일어나는 것을 불평하지 않아야 한다 — 그렇지 않으면 세계는 원자들뿐이며 그것들의 혼란한 혼합이고 분산일 뿐이다. 그러면 왜 당신은 괴로워하는가? 당신에게 실제로 행사할 수 있는 권리를 쥔 이성에게 이렇게 말하라. "이봐, 당신은 생기를 잃고 쇠퇴하고 있는가? 이것은 당신이 하고 있는 어떤 역할인가? 다른 것들과 함께 풀을 뜯으며 떼를 지어 다니며 당신은 야수가 되었는가?"

40. 신들은 능력을 가졌거나 갖지 못했다. 신들에게 능력이 없다면, 왜 사람들은 신들에게 기도를 드릴까? 신들에게 능력이 있다면, 이러한 것을 달라고 기도를 드리는 대신 왜 사람들은 그런 것을 걱정하지 않게 하거나 그런 것을 갈망하지 않게 하거나 그런 것을 슬퍼하지 않게 해달라고 왜 사람들은 기도드리지 않는가? 일단 신들이 사람을 도와줄 수 있다면, 그들은 어떤 방법으로 사람을 도와줄 수 있는가? "그러나 신들이 가진 모든 것들은 우리 자신의 능력을 거들어준다."라고 아마 당신은 말할 것이다. 그렇다면 노예와 가난뱅이같이 당신의 능력이 미치지 못 하는 어떤 것을 갈망하는 것보다 당신의 능력을 사용하고 자유인이 되는 것이 더 좋다. 게다가 누가 당신에게 신들이 우리의 능력으로 할 수 있는 일들에 대해서는 결코 도와주지 않는다고 말했는가? 이렇게 기도드리기

시작하라. 그러면 당신은 알게 될 것이다. 어떤 입장에서 어떤 남자가 이렇게 기도드린다. "내가 이 여자와 관계를 가지게 하소서." 당신은 이렇게 기도드려라. "내가 저 여자와 관계를 갖고 싶어 하지 않게 하소서." 어떤 입장에서 그 남자는 이렇게 기도드린다. "나를 이러한 사람에게서 벗어나게 하소서." 당신은 이렇게 기도드린다. "그 사람에게서 벗어나고 싶어 하는 나의 욕망을 나에게서 없애주소서." 어떤 입장에서 그 사람은 이렇게 바란다. "나의 귀한 아이를 잃지 않게 해주소서." 당신은 오히려 아이를 잃는다는 것을 두려워하지 않게 해달라고 빌어라. 요컨대 당신의 기원을 이런 방향으로 바꾸고 일어나는 것을 살펴보아라.

41. "내가 병들었을 때" 나는 결코 나의 육체적 병에 관해 이야기하지 않았었다! 라고 에피쿠로스는 말한다. "나는 문병 온 사람들과 그런 화제에 대해서는 어떤 것도 이야기하지 않았다. 나는 자연철학의 원리들을 계속 이야기했다. 내가 특별히 강조했던 문제점은 육체의 모든 이런 동요에 흔들리면서도 어떻게 정신이 어지럽히지 않고 마음 자신의 올바른 선을 추구할 수 있을까였다!"라고 그는 말한다. "나는 의사들에게도 그들 자신의 업적을 자랑할 기회를 주지 않았다. 나의 삶은 다만 순조롭고 유쾌하게 정상적인 방식으로 살아갔다"라고 그는 덧붙여 말했다. 건강하지 못할 때 당신이

병들거나 어떤 다른 곤경에 빠진다면, 에피쿠로스처럼 하라. 어떤 일이 닥쳐와도 결코 철학을 버리지 마라. 무지한 사람이 이야기하는 터무니없는 생각에 관계하지 마라. (이것은 모든 철학 학파들이 동의하는 실천의 원칙이다) 전적으로 당신 앞에 있는 일에 집중하고 그 일을 성취하기 위해 당신이 가지고 있는 방편에 집중하라.

42. 당신이 누군가의 몰염치로 화가 났을 때, 즉시 자문하라. "염치없는 사람이 없는 세상이 있을 수 있을까?" 그런 세상은 있을 수 없다. 그러면 불가능한 것을 요구하지 마라. 그런 사람은 이 세상에 있어야 할 사람 중 하나이다. 당신이 부정하고, 표리가 있고, 또는 어떤 다른 형태의 부정한 사람과 우연히 만나게 될 때는 언제나 현재와 똑같이 생각을 가져라. 당신은 이런 유형이 없어서는 안 된다는 것을 깨달아야 한다. 그러면 곧 당신은 그 사람에 대해 한층 더 친절한 마음을 가질 수 있게 될 것이다. 이러한 특별한 과실에 대항하기 위해 자연이 우리에게 주었던 어떤 특별한 자질을 당신이 즉시 생각해 본다면, 그것도 도움이 된다. 왜냐하면 자연이 우리에게 마련해 준 해독제가 있기 때문이다. 예를 들면, 잔인한 행위를 만났을 때를 위해선 관용을, 다른 사악들을 위해서는 다른 개선책들을 마련해 주었다. 일반적으로 당신은 범죄자에게 그의 실수를 보여줄 수 있는 기회가 있다 — 왜냐하면 잘못을 저지르는 모

든 사람은 그의 올바른 목적을 이루지 못하고, 그것으로 얼간이가 되기 때문이다. 그밖에 당신은 무슨 해를 입었는가? 당신 자신의 마음에 해롭게 영향을 미칠 수 있는 당신의 노여움으로 입을 수 있는 어떤 피해도 일어나지 않았다. 사악한 어떤 것들이 내 자아에 해로운 것은 오직 마음에서 일어난다. 어쨌든 촌스럽게 행동하는 견문이 좁고 어수룩한 사람에게 무엇이 잘못 되었고 놀라운 것이 있는 것인가? 그런 사람이 그와 같은 방법으로 감정을 해칠 것이라는 것을 알지 못했기 때문에 당신이 탓해야 할 것은 당신이 아닌지 살펴보아라. 당신은 당신의 이성으로 그런 사람이 그렇게 할 것이라고 생각할 수 있는 온갖 방법이 있었다. 당신은 이 점을 깜빡하고 있었다. 그런데 그의 무례가 당신을 갑자기 놀라게 한다. 당신이 어떤 사람의 불성실이나 배은망덕으로 그 사람에게 분개할 때 제일 먼저 당신 자신으로 돌려라. 왜냐하면 당신이 그런 유형의 사람을 믿었다면, 또는 당신이 그에게 친절을 베풀었을 때, 그 친절이 거리낌 없고, 행동이 그 행동 자체의 충분한 보람일 것이라는 생각으로 행해지지 않았다면 그 잘못은 분명히 당신 자신의 것이다. 일단 당신이 어떤 사람에게 봉사했다면, 당신은 그 이상 더 무엇을 바라는가? 무슨 대가를 바라지 않고 당신 자신의 본성의 법칙에 따르는 것이 충분하지 않은가? 그것은 보았다고 해서 대가를 바라는 눈이나, 걸었다고 해서 대가를 바라는 발과 같다. 몸의 부분들이 존재하는 것은 바로 그런 목적 때문이다. 몸의 부분들은 그것들이 만들어진 목적을 실행하는 그들의 의무를 가지고 있다. 마찬가지로 사람은 친절한 행동을 위해 태어났다. 따라서 사람이 친절한 행동을 했거나 공공의 복리에 봉사했을 때 그는 그가 만들어진 목적을 위해 그의 보상을 받았다.

**MARCUS AURELIUS
MEDITAIONS**

제10편

1. 오, 나의 영혼이여, 당신은 선하고, 진실하고, 완전히 한 의견이고, 솔직하고, 당신을 둘러싼 육체보다 더 분명하게 보는 사람에게 보일 수 있게 하지 않으려는가? 당신은 충족하여 더 바라지 않으려는가? 당신은 아무것도 갈망하지 않고, 당신의 쾌락을 만족하게 하는 어떤 살아 있는 생명이나 사물들을 동경하지 않고, 그것들을 즐기기 위해 수명을 연장하지 않고, 어떤 장소도, 전원도, 날씨가 좋은 지역도, 상냥한 친구들을 바라지 않으려는가? 언제 당신은 당신의 현재 상태를 만족하겠고, 당신 주위의 모든 것에서 기쁨을 느끼겠고, 모든 것들이 당신의 것이고, 모든 것들이 신들에서 말미암은 것이라고 믿게 되겠는가? 또한 만물들에게 생명을 주고, 만물들을 관리하고 포용하고 그것들이 죽을 때 그것들을 그것 자

신 안에 안아서 같은 종류의 다른 개체들이 싹터 나오게 하는 완전하고 살아 있는 전체성 — 매우 선하고, 공정하고, 매우 아름답다 — 의 안전과 복리를 위해서 안성맞춤의 기쁨이고 만사가 질서 있게 된다면 당신은 당신이 잘 되고 앞으로도 잘 될 것이라고 믿겠는가? 당신은 신들을 불평하는 말을 한 마디도 않고 신들에게서 질책 받는 말을 한 마디도 안 듣는 것과 같은 신들과 사람들의 친교를 준비하지 않겠는가?

2. 전적으로 대자연의 지배를 받는 사람답게 당신의 특별한 본성이 당신에게 요구하는 것에 주의를 기울여라. 그 요구가 당신의 신체 본질에 아무런 해가 되지 않을 것 같으면 그 요구를 실행하고 받아들여라. 그 위에 신체적 본질의 요구들에게도 주위를 기울이고, 다음에 그 요구들이 이성의 본성에 해가 되지 않을 것 같으면 (그리고 사회적 본성이 이성적으로 직접 넌지시 비추지 않는다면) 그 요구들 모두에 동의하라. 다른 것들에게 파괴적인 고통을 주지 않는다면 이런 규칙들을 준수하라.

3. 닥치는 것이 무엇이든 자연은 당신에게 닥치는 것에 용감하게 맞설 준비를 해주거나 그렇지 않기도 한다. 당신이 참아낼 수 있는 어떤 힘든 일이 일어난다면 그 일에 골내지 마라. 그러나 자연이

당신에게 참아낼 수 있게 했을 때 그 일을 참아내라. 왜냐하면 그 일이 당신을 이긴 다음에 사라져 없어질 것이기 때문이다. 그러나 실제로는 자연이 당신에게 당신 자신의 판단이 자기 이익의 추구이고 그렇게 해야 할 의무로 생각하고 견디어낼 수 있다고 확신하는 어느 것이든 참아내는 능력을 주었다는 것을 기억하라.

4. 어떤 사람이 잘못을 저지른다면 친절하게 그를 깨우쳐주고 그에게 그의 잘못을 가르쳐 주어라. 당신이 그를 깨우쳐 주지 못한다면 당신 자신을 탓하라. 그렇지 않으면 아무도 탓하지 마라.

5. 당신에게 일어날지도 모르는 어떤 일이든 애초부터 당신을 위해 준비되었다. 인과 관계의 색색으로 짜여진 비단에는 당신의 존재의 실은 그런 특별한 사건으로 아득한 과거로부터 얽혀 짜여져 왔다.

6. 우주가 원자의 혼돈이든 자연적인 성장이든 나의 첫 번째 확신은 내가 자연이 지배하는 전체성의 일부분이어야 한다는 것이다. 나의 두 번째 확신은 비슷한 성질의 유대가 내 자신과 모든 다른 비슷한 부분들 사이에 존재하는 것이어야 한다는 것이다. 내가 이런 두 가지 생각을 마음속에 지니고 있다면, 첫째로, 일부분이므

로 나는 전체로부터 나에게 할당된 어떤 분배든 불만을 품지 않을 것이다. 왜냐하면 전체에 유익한 것은 부분에 해가 될 수 없기 때문이다. 이 전체 안에 전체 자신에게 유익하지 않은 것이 아무것도 들어 있지 않다. (실로 이것은 자연의 모든 유기체에 대해서도 똑같이 적용될 수 있다. 그러나 우주의 본성이 가지고 있는 더욱 우수한 특성은 우주 자체에 해로운 어떤 것을 만들어내도록 우주에 강요할 수 있는 외적인 요인이 전혀 없다는 것이다.) 그래서 나는 그러한 전체의 일부분이라는 것을 기억하고 나는 나의 운명이 어떤 것이든 기꺼이 받아들일 것이다. 두 번째로 내 자신과 나와 같은 부분들 사이에 긴밀한 유대가 있는 한 그들의 공통된 복리를 해칠지도 모르는 어떤 일도 하지 않을 것이다. 그러나 모든 욕구가 그들의 선으로 향하게 하고 선에 거스르는 어떤 것이든 그것에서 멀어지게 할 것이다. 그렇게 되면 나는 순조롭게 흐르는 내 인생의 흐름을 찾을 수밖에 없을 것이다. 어떤 공인의 행동이 시민들에게 항상 도움이 되고 도시가 그에게 부여하는 어떤 직무라도 환영할 준비가 되어 있는 공직자의 삶처럼 나의 삶도 순탄할 것이다.

7. 전체의 모든 부분들은 ― 우주에서 자연적으로 파악되는 모든 것들을 의미한다 ― 머지않아 쇠퇴해야 한다. 또한 정확히 말하면 그것들은 형태의 변화를 겪어야 한다. 우주의 본성 때문에 이 변화

가 피할 수 없을 뿐아니라 전체의 모든 부분들에게 확실한 악이라면, 전체의 순조로운 작용은 결코 계속될 수 없을 것이다. 왜냐하면 전체의 부분들이 언제나 형태나 다른 것이 어떤 변화로 향하여 나아가고 부분들 모두가 체질적으로 제각각의 방법대로 쇠퇴해야 하기 때문이다. 그래서 자연은 전체의 부분들을 악에 빠지기 쉬울 뿐아니라 애초부터 불가피하게 악하게 되어 있게 해서 자연의 부분들인 사물들에게 상처를 입히려고 했던가? 아니면 그러한 일들은 자연이 알지 못하는 사이에 일어날 수 있는 것일까? 어느 쪽의 추측도 믿을 수 없다. 우리가 자연 자체를 아주 무시하고 창조의 정상적인 질서로 이 모든 것을 설명한다 하더라도, 전체의 부분들의 변덕이 정상적이라고 말하는 것은 불합리하다. 동시에 우리는 그 변덕이 자연 법칙에 반하는 사건인 것처럼 그 변덕에 놀라거나 분개한다. 부분들이 행하고 있는 모든 것은 부분들의 본래 성분의 요소로 다시 분해하는 것이므로 더욱더 그러하다. 왜냐하면 결국 분해가 내가 합성되어진 요소들의 아주 단순한 분산이 아니라면, 그 분해는 틀림없이 더 큰 미립자들을 흙의 형태로 변화시킨 것이고 정신을 공기 형태로 변화시킨 것이다. 그래서 (이 사실이 정기적으로 불타버리거나 영원한 변화의 순환을 통해서 끊임없이 새로워지는 것을 계속한다 하더라도) 부분들은 모두 보편적인 이성으로 재흡수될 수 있다. 그러나 큰 미립자와 정신인 이 미립자들이 태어날 때에 우리가 받은 미립자라고 생각되지 않아야 한다는 것을 주목하라. 그러므로 우리의 현재 전체 구조는 겨우 어제나 그저께 먹은 고기와 숨쉰 공기로 더 늘어난다. 그러므로 이런 변화들을 겪게 될 것은 원래 어머니가 낳은 것이 아니고 우리가 그후 지금까지 받았던 것이다. (우리가 실제로는 탄생이 우리를 이런 본질적으로 변하기 쉬운 미립자들과 관련시키는 것을 인정한다 하더라도 나는 탄생이 내가 말했던 것에 영향을 준다고 생각하지 않는다.)

8. 당신이 스스로 선하고, 겸손하고, 진실하고, 명석하고, 정직하고, 고결한 사람이라고 일반 사람들에게 널리 불리는 이름을 요구한다면, 그런 이름들이 잘못 나타낸 것이 안 되게 주의하라. 당신이 그런 이름들을 잃게 된다면, 그런 이름을 다시 찾는데 시간을 놓치지 마라. 그러나 "명석"은 당신에게 개개의 세세한 것에 대해 방심하지 않고 주의하는 것을 생각해야 한다고 말해 주고, "정직"은 자연이 당신에게 할당한 모든 것을 기꺼이 받아들여야 한다는 것을 말해 주고, "고결"은 부드럽거나 거친 육체의 활동을 초월하고, 허영, 죽음, 또는 어떤 다른 주위의 산만한 것들을 초월하여 지성이 고양되는 것을 말해 준다는 것을 명심하라. 다른 것들로 당신에게 그런 것들을 적용하고 싶어 하지 않더라도 이런 지적에 따라 실천하라. 그러면 당신은 다른 사람이 될 것이고 다른 생활을 시작

하게 될 것이다. 이와 같이 생활 방식으로 찢겨지고 못 쓰게 되어 지는 것을 계속하는 당신의 현재 상태를 계속하는 것은 어리석은 사람과 겁쟁이의 방식이다. 그 방식은 원형 투기장에서 야수들에 의해 갈기갈기 찢겨지고 피투성이가 되고 상처투성이가 되어도 이 튿날까지 격투가 계속 되기를 간청하고, 다시 격투에 내던져졌을 때 같은 이와 발톱으로 상처투성이가 되어 끝나기로 하는 검투사 와 같다. 그러므로 이 몇 마디의 여담을 따라라. 당신이 해낼 수 있 다면 은혜의 섬으로 옮겨가듯이 그곳에 머물러라. 그러나 당신 자 신이 표류하고 당신의 진로를 지킬 수 없다고 생각되면 분발하여 당신이 꺾이지 않고 버티어낼 수 있을 어느 조용한 항구로 향해 가 라. 격정에 빠지지 말고 솔직하고, 겸손하게 삶에서 떠나라. 그렇 게 떠나면 겉으로 보기에는 삶에서 떠나지만 당신의 명예가 되게 당신의 삶에서 적어도 한 가지는 성공한 셈이 된다. 이런 특성들을 마음속에 간직하기 위해서 신들을 잊지 않는 것은 크게 도움이 될 것이다. 신들이 바라는 것은 아부받는 것이 아니고 이성을 가진 모 든 것이 그들 자신들과 같게 되는 것임을 기억하라. 무화과나무는 무화과나무의 일을 하고, 꿀벌은 꿀벌의 일을 하고 사람은 사람의 일을 하는 것도 생각하라.

9. 날마다 당신을 둘러싸고 있는 익살, 불화, 겁, 나태, 그리고 굴

종은 당신의 마음에서 통찰력이 없이 파악하고 소홀하게 떠나가게 하는 이 신성한 실천 원칙들을 지워 없애려고 공모할 것이다. 당신에게 요구하는 어떤 일이든 어느 상황이 실질적으로 요구하는 것을 충분히 충족시키는 한편 동시에 사고능력이 충분히 발휘되는 방법으로 개개의 사물을 관찰하고 각각의 행동을 하는 것이고, 모든 관련된 세부 사항을 숙달한 사람의 자신감을 지키는 것이다(예비로 숨기더라도 결코 과시하지 마라). 당신은 진실한 성실과 존엄성이라는 행복을 손에 넣지 않으려는가? 각 사물의 가장 내적인 존재, 세계 질서에서 그것이 차지하는 위치, 그것의 본래 존재의 기간, 그 구성의 구조, 그것이 누구의 것이거나 누가 그것을 주거나 그것을 도로 거두어들이는가를 바로 이해하여 확실하게 아는 이해력을 얻으려고 하지 않으려는가?

10. 거미는 파리 잡는 것을 자랑으로 여긴다. 토끼를 덫으로 잡는 사람, 물고기를 그물로 잡는 또 한 사람, 멧돼지나 곰이나 사르마티아 사람[1]을 붙잡는 다른 또 한 사람도 그렇다. 당신이 원칙의 문제에 마주치면 이 사람들은 모조리 강도나 진배없지 않은가?

---

[1] 다뉴브강 지역의 부족을 공통으로 부르는 이름. 마르쿠스와 그의 군단은 그들과 끊임없이 싸움을 벌였다.

11. 변화의 일반적인 과정을 규칙적으로 관찰하는 습관을 길러라. 그 습관에 매우 주의를 기울이고, 이 분야의 연구에서 당신 자신을 철저히 훈련하라. 정신을 고양시키는데 그것보다 더 나은 것은 아무것도 없다. 왜냐하면 사람이 어느 순간에 그의 모든 것을 남기고 함께 지내던 사람들에게서 떠나야 할지 모른다는 것을 깨달았을 때 그는 육체를 벗어버리고 그의 개인적 활동에서 전적으로 그 자신을 정의의 공헌에 바치고 다른 모든 것에서 자연에 순종하기 때문이다. 다른 사람들이 그에 대하여 어떤 말을 하고, 어떤 생각을 하는지, 그를 적대하여 습관적으로 어떻게 행동하는지에 대해서는 그는 전혀 헛된 생각을 하지 않는다. 그의 매일 하는 행동이 정의로우며, 모든 운명의 배당에 만족하는 두 가지만으로 그는 충분하다. 모든 걱정, 모든 정신 혼란은 비켜두어진다. 그의 유일한 대망은 법의 똑바른 길로 걸어가는 것이고 그렇게 함으로써 신을 따르는 사람이 되는 것이다.

12. 의무의 길이 당신의 눈앞에 놓여 있을 때 억측이 무슨 필요가 있을까? 그 길이 장애가 없어 보인다면 선의로 앞으로 나가고 돌아서지 마라. 그렇지 않다면 걸음을 멈추고 당신이 할 수 있는 가장 좋은 전문가의 의견을 구하라. 더욱 심한 방해가 일어난다면 정의가 길을 가르친다고 생각되는 곳을 언제나 따라 신중하게 당

신의 능력 한계까지 나아가라. 정의를 성취하는 것은 성공의 극치이다. 실패가 자주 일어나는 것은 이점에 있다.

13. 다른 사람의 공정하고 정당한 행위는 나의 정신에 어떤 영향을 미칠 수 있을까? 라고 당신 자신에게 묻는 것으로 하루를 시작하라. 아무 영향도 미칠 수 없다. 칭찬이나 비난에 대해 교만한 자세를 보이는 사람들은 그들의 사생활, 잠자리, 식탁에서도 똑같다는 것을 기억하라. 그들이 하는 일, 그들이 피하거나 추구하는 일, 그들이 저지르는 — 참으로 손과 발로가 아니라 모든 그들의 소유하고 있는 것들 중 가장 소중한 것으로, 즉 어떤 사람이 단연 그것을 그렇게 하기 바란다면 신념, 겸손, 진리, 법의 근원과 그 사람의 훌륭한 정신으로 — 도둑질과 약탈 행위들을 생각해 보라.

14. 모든 것들이 오고, 모든 것들이 되돌아가는 자연에게 겸손하고 교육을 잘 받은 사람이 외치는 소리는 이것이다. "당신의 뜻대로 베푸시고, 당신의 뜻대로 거두소서." 그러나 그는 과장된 태도가 아니고 순수한 순종과 선의로 말했다.

15. 이제 당신의 남아 있는 세월은 조금밖에 없다. 그러므로 산꼭대기에 올라가 있는 것처럼 그 남은 세월을 살아라. 사람의 운명

이 이런 곳으로 정해지든 아무것도 아닌 저런 일로 정해지든 어느 곳에서나 그가 세상을 하나의 도시로 생각하고 그 자신을 하나의 시민으로 생각한다면 어느 곳에 살든 무슨 의미가 있겠는가! 사람들에게 자연의 법칙에 따라 사는 진실한 사람으로 보고 알게 되는 기회를 주어라. 그들이 볼 기회를 받아들일 수 없다면, 그들이 그 사람을 죽이게 하라. 그들이 살아가는 것처럼 사는 것보다 그렇게 하는 것이 더 좋다.

16. 훌륭한 사람이 어찌해야 되는지를 논하면서 시간을 더 이상 낭비하지 마라. 사람이 되라.

17. 당신의 정신이 끊임없이 시간과 존재 전체를 생각하게 하고 존재 전체에 비교하면 개체는 하나의 모래알에 지나지 않으며, 시간과 비교하면 나사못의 한 바퀴 돌림과 같은 것 일 뿐임을 알아라.

18. 각각의 사물이 지금까지 어떻게 분해와 변화를 겪고 있는지, 이미 쇠퇴나 분산의 과정에 있거나 다른 자연의 운명이 쇠퇴나 분산을 위해 준비되어 있는 어떤 것이든 관찰하면서 모든 사물의 본성을 깨달아라.

19. 식사하고, 잠을 자고, 교접하고, 배설하는 것 따위, 허나 사람들은 어떤 패거리인가! 오만으로 얼마나 건방지고, 얼마나 횡포하고, 포악하고, 얼마나 다른 사람을 깔보고 탈잡기 좋아하는가! 조금 전만 해도 그들은 목적을 위해 얼마나 아첨하고 있었는가! 얼마 후엔 그들은 다시 똑같은 짓을 할 것이다.

20. 모든 사람과 모든 사물에게 자연이 가져다주는 것은 그들이나 그것들의 이익을 위한 것이다. 자연이 가져다주는 시간이 정확한 것도 그들이나 그것들의 이익을 위한 것이다.

21. "대지는 하늘에서 내리는 비를 사랑하고, 신성한 하늘 자신도 그것을 사랑한다." — 즉, 우주는 다음에 존재하게 될 것이 무엇이든 만드는 것을 사랑한다. 그러므로 우주에게 나는 이렇게 대답해야 한다. "당신이 사랑하는 것처럼 나도 사랑한다." (이러 이러한 것이 "사랑함으로 생겨난다."는 흔히 하는 말 속에 같은 생각이 넌지시 비추지 않는가?)

22. 당신은 이제까지 살아 익숙해진 이 세상에서 계속해서 살든지, 당신 자신의 자유로운 선택으로 어딘가 다른 곳으로 옮겨가든지, 당신은 죽든가 한다. 그것은 당신의 수고가 끝나는 것을 의

미한다. 거기에는 다른 선택은 있을 수 없다. 그러므로 참고 견디어라.

23. 이곳, 저곳. 어느 다른 곳에든 푸른 들판들의 평화는 당신의 것이라는 것은 확실하게 알아두어라. 그 평화가 산 위에 있든 바다 밑에 있든, 당신이 다른 어디에 가 있게 되든 이 세상에서는 아무 것도 달라지지 않는다. 당신은 산 속 양 우리에서 양떼들과 함께 사는 것처럼, 도시의 성벽 안에서 산다고 말한 플라톤의 생각과 같다는 것을 발견하게 될 것이다.

24. 나의 주인 이성은 나에게 무엇인가? 나는 지금 그것으로 무엇을 하고 있는가? 나는 그것을 어떤 사용 목적에 사용하고 있는가? 그것은 전혀 이해가 없다는 것을 보여주고 있는가? 그것은 협력의 유대에서 떨어져 나왔고 분리되어졌는가? 그것은 육체의 방향 전환과 동요를 나타내는 것과 같이 육체에 휩쓸리고 일체감을 갖게 되었는가?

25. 자기 주인에게서 탈출한 노예는 도망자이다. 우리에게 주인은 법이다. 따라서 법을 위반한 사람은 어떤 사람이나 틀림없이 도망자이다. 그러나 슬픔, 노여움, 두려움 이 모든 것은 과거나 현

재나 미래에서 우주를 지배하는 힘에 의해 정해져 왔다 — 바꿔 말하면, 법으로, 법은 모든 생물에게 해야 할 일을 할당한다.[2] 그러므로 두려움이나 슬픔이나 노여움에 꺾기는 것은 도망자가 되는 것이다.

26. 남자는 여자의 자궁 안에 씨앗을 떨어트리고 계속 나아간다. 그러므로 다른 원인이 씨앗을 집어들고 일을 시작하여 소중한 생명을 탄생시킨다. 정말이지 얼마나 신비스런 형질 변화인가! 똑같은 사람이 음식을 목구멍으로 넘기고, 한 번 더 어떤 다른 원인이 그 음식을 인계받아 그 음식을 감각과 행동으로 변화시키고 결국 삶, 활력, 그리고 많고 다양한 다른 생산품들로 변화시킨다. 이 과정을 곰곰이 생각해 보아라. 그 과정은 신비로운 방법으로 잘 되어진다. 우리가 지구를 향하거나 위로 향하든 — 즉 눈으로가 아니고, 그러나 분명히 — 사물을 끌어당기는 힘을 인식하는 것과 같은 방법으로 작용하는 능력을 인식하라.

27. 오늘날의 모든 생물이 어떻게 과거에도 그대로였는지를 종종 숙고해 보아라. 오늘날의 모든 생물이 다가올 장래도 그대로 있

---

2 법이라는 그리스 말(nomos)은 '할당하다, 분배하다'라는 의미의 동사인 그리스 말(nemein)에서 나왔다고 추측된다.

을지의 예상도 생각해 보아라. 당신이 당신 자신의 경험으로 알게 되었거나 과거의 역사에서 알게 된 많은 완벽한 연극들과 무대, 모든 그것과 비슷했던 것을 자세히 조사해 보아라. 예를 들면, 하드리아누스의 전체 궁전, 안토니우스의 궁전, 필립, 알렉산더, 그리고 크로이소스의 궁전들을 자세히 조사해 보아라. 그 공연은 언제나 같다. 변한 것은 배우들일 뿐이다.

28. 당신이 어떤 일로 괴로워하거나 분개하는 사람을 볼 때 산 제물을 죽이는 칼 밑에서 발버둥치고 비명을 지르는 돼지를 생각해 보아라. 외로이 침대에 가서 소리 없이 우리의 속박을 탄식하는 또 다른 사람도 마찬가지이다. 이성적 존재만 주위의 사정에 기꺼이 순응하는 능력을 부여받았다. 자동적으로 순응하는 것은 모든 창조된 사물들에게 요구되는 피할 수 없는 필요성이다.

29. 당신이 처리하는 것이 어떤 일이든 단계마다 잠시 멈추고 당신 자신에게 이렇게 물어보아라. "내가 죽음을 두려워하는 것은 이 세상의 생활을 빼앗아간다는 생각 때문인가?"

30. 다른 사람의 잘못이 당신을 화나게 할 때 당신 자신에게 눈을 돌려 비슷한 잘못들이 당신에게서 발견되는 것을 곰곰이 생각

해 보아라. 당신도 부, 쾌락, 명성, 이와 같은 것들에서 행복을 찾는가? 이렇게 생각하라. 그러면 당신의 분노는 곧 사라질 것이다. 그는 압박을 받고 행동했을 뿐이다. 대신 당신이 할 수 있다면 그런 압박에서 벗어나오도록 하라.

31. 사튀론을 보는 것은 죽은 소크라테스나 에우튀케스나 휘멘의 선견을 생각나게 한다. 에우프라테스를 보는 것은 에우튀키온이나 실바누스를 생각나게 한다. 알키프론을 보았을 때 트로페오포루스의 기억이 떠오른다. 세베루스를 언뜻 생각할 때 크리토나 크세노폰의 기억이 떠오른다. 당신이 당신 자신을 보았을 때 당신보다 먼저 살았던 황제들을 생각해 보아라. 따라서 모든 사람들과 같은 방법으로 그의 상대자를 생각해 보아라. 그 다음에는 계속해서 이렇게 생각해 보아라. "지금 그들은 어디에 있을까?" 아무데에도 없다 — 또한 어디에도 없다. 이렇게 하여 당신은 수증기처럼 사라질 수밖에 없는 운명의 모든 것을 보는 것에 익숙해질 것이다. 일단 변화된 것들이 영원히 지나가버린 것을 회상할 뿐이라는 것을 당신이 기억한다면 더욱 그러하다. 그러면 적당한 방법으로 당신의 짧은 기간을 살아가는 것을 만족하지 않고 왜 노력하고 수고하는가? 당신이 거절하고 있는 유익한 물질과 실현 가능한 것들은 무엇인가를 생각해 보아라. 일단 타당한 이성의 판단으로 인생의

진리를 깨닫는 것이 익숙해졌다면 당신의 이성을 훈련하는 것외에 당신의 모든 고난은 무엇인가? 그러므로 강한 위가 온갖 일상 음식을 흡수하거나 밝은 불이 불 자신 위로 던져 올려지는 어떤 것들이든 그것을 열과 불꽃으로 변화시키는 똑같은 방법으로 당신이 그것들과 친밀하고 당신 자신에게 자연스럽게 될 때까지 참아라.

32. 어느 누구도 당신이 성실하지 않고 불량하다고 당신에 관해서 정직하게 말하는 권리를 허용하지 마라. 어떤 사람이 그런 생각을 하고 있다면 그런 생각들이 근거 없다는 것을 발견하게 하라. 성실하고 선량한 것은 당신 자신에게 달려 있다. 왜냐하면 다른 누가 당신이 선량하고 성실하게 되는 것을 방해하겠는가? 당신이 그렇게 살 수 없다면, 당신은 더 이상 살려고 결심할 필요가 없다. 왜냐하면 그런 경우에 이성 자체도 당신이 계속 산다는 것을 용납할 수 없기 때문이다.

33. 당신의 뜻에 따라 그 삶의 재료로 말해질 수 있고 행해질 수 있는 가장 좋은 것은 무엇인가? 그것이 무엇이든 당신은 그것을 말하거나 그것을 행할 수 있는 능력을 가졌다. 당신이 자유롭게 행동할 수 없는 사람이 아닌 체해서도 안 된다. 손에 들어오는 재료가 어떤 것이든 그것으로 사람의 본래의무를 이행하는 것이 자발

적 행동에 부여된 인간의 쾌락만큼 당신에게 의미를 지니게 될 때까지 이런 당신의 불평은 끝이 없을 것이다. (사실은 우리들의 정당한 본래 본능의 모든 활용은 쾌락의 한 형태로 생각되어야 한다.) 분명히 굴림대는 반듯이 마음대로 굴러다니는 특권을 누리는 것이 아니다. 물도, 불도, 본성이나 이성이 없는 영혼의 지배를 받는 다른 어느 것도 반듯이 마음대로 특권을 누리는 것이 아니다. 왜냐하면 그 특권의 활용을 억제하는 많은 요인들이 있기 때문이다. 그러나 정신과 이성은 그것들의 본성이 그것들을 가능하게 하고 그것들의 의지가 그것들에게 특권을 활용하게 촉진하기 때문에 어떤 장애라도 뚫고 나아갈 수 있다. 불이 위로 솟고, 돌이 아래로 떨어지고, 굴림대가 비탈을 굴러 내려가듯이 이성이 어떻게 힘도 들이지 않고 모든 장애물을 헤쳐나갈 길을 찾아내는지를 생각해 보아라. 만족한다면 더 이상 의문을 갖지 마라. 어느 경우에든 방해는 육체에만 영향을 끼쳐야 하거나 — 육체는 생명력이 없는 것이다 — 그렇지 않으면 우리 자신의 선입견과 이성 자체의 항복이 돕지 않으면 우리를 분쇄하거나 상처 입힐 능력이 없어야 한다. 그렇지 않다면 그 주체에 대한 그것들의 영향은 해로울 것이다. 우리가 다른 모든 피조물의 경우에 어떤 불운한 일이 일어나는 것은 희생물이 어느 정도로 나빠지는 것을 필연적으로 수반하는 것을 알고 있다. 그러나 사람의 경우에는 우리는 사람이 역경을 올바르게 이용하여 더 좋아지고 더 많은 칭찬을 받을 만하게 된다고 말할 수도 있다. 요컨대 불운한 일이 도시 자체에 손상을 입히지 않는다면 어느 것도 성실한 시민을 손상시킬 수 없고, 그것이 법을 해치지 않는다면 어느 것도 그 도시에 손상을 입힐 수 없다. 그러므로 그것은 도시에도 시민에게도 손상을 입힐 수 없다는 것을 결코 잊지 마라.

34. 참된 원칙들이 일단 마음속에 새겨졌을 때 기억해 둘 만한 가장 짧은 말이라도 예를 들어 다음의 시구와 같이 후회하거나 두려워하게 될 경거망동을 충분히 생각나게 해준다. "사람의 자손들은 어떨까? 바람에 날려 땅에 떨어지는 나뭇잎들과 같을 뿐이다."[3] 당신의 사랑하는 자녀들도 나뭇잎이고, 납득시키려고 칭찬을 큰 소리로 외치고, 저주를 퍼붓고, 몰래 냉소하거나 비웃는 사람들도 나뭇잎이고, 장차 사라져 없어질 당신의 명성을 이어받아 후세에 전할 모든 사람들도 나뭇잎들일 뿐이다. 그들은 모조리 "봄철에 꽃을 피우고, 강풍이 그들을 내버리고, 이내 곧 숲들은 신록을 내놓는다. 이와 같이 덧없는 것은 만물의 상징이다. 그렇지만 당신은 그것들이 영원히 지속되기라도 한 듯이 그것들을 추구하거나

---

[3] 호머의 일리아드에서 인용되었다.

피한다. 조금만 시간이 지나면 당신의 눈은 감길 것이다. 당신을 당신의 무덤으로 나르는 사람에게도 비탄의 눈물은 곧 흘러내릴 것이다.

35. 건강한 눈의 직무는 볼 수 있는 모든 것을 보는 것이다. 왜냐하면 녹색만 보겠다고 주장하는 것은 시력 장애를 명시하기 때문이다. 마찬가지로 청각과 후각이 건강하다면 청각과 후각은 온갖 소리와 냄새를 듣고 맡을 수 있어야 하고 온갖 곡물을 받아들여 갈아내는 맷돌같이 건강한 위는 모든 음식을 받아들여야 한다. 마찬가지로 건강한 정신은 닥치는 어떤 일이나 받아들일 준비가 되어 있어야 한다. "오, 나의 자식을 지켜주소서!"라든가, "오, 세상이 나의 모든 행동을 칭찬하게 해주소서."라고 외치는 정신은 녹색만을 찾는 눈이나 부드러운 것만 찾는 위와 같다.

36. 죽음의 자리에 있는 사람이 다가오는 죽음을 기쁘게 환영하여 맞이할 만큼 복받은 사람은 한 사람도 없다. 그 사람이 덕행이 있었고 현명했다고 하자. 그렇다고 하더라도, 최후에는 작은 목소리로 나직하게 이렇게 말할 사람은 없을 것이다. "결국 우리는 다시 살아나 마음을 놓을 수 있게 됐다. 이젠 주인이 없다 분명히 그는 우리들 중 어느 누구에게도 결코 가혹하지 않았다. 그러나 나는

그가 우리를 말없이 멸시했다고 언제나 생각하는가?" 덕이 높은 사람의 숙명이라야 이런 이야기가 나온다. 우리들 중 그 밖의 사람에 관해서 우리 친구들 중 상당수가 기꺼이 우리들에게서 벗어나려는 이유가 얼마나 많았으랴! 당신이 죽을 때 이렇게 생각하라. 그렇게 생각하는 것은 당신의 죽음을 편하게 해줄 것이다. "나는 내가 그토록 애쓰고, 기도하고, 염려했던 바로 그 친구들 자신들이 내가 죽기를 바라고 그것으로 어떤 사람이든 이 세상에서 그의 생애를 늘리려 고집하는 것일까?" 그 때문에 그들에게 조금이라도 떨어뜨려진 친절을 보이며 떠나가지 마라. 당신 자신의 우정, 호의 그리고 자비를 언제나 잃지 않도록 하라. 떠남이 이별의 쓰라림이 되는 것을 느끼지 않도록 하라. 그러나 당신이 떠나는 것이 육체에서 영혼이 쉽게 미끄러져 나가는 고통이 없는 죽음같이 되게 하라. 자연은 당신을 이런 사람들에게 결합시켜 당신을 그들과 하나가 되게 했다. 이제 자연은 그 인연을 풀어놓는다. 그래서 나는 내 자신의 친척에서 풀어놓아진다. 그런데도 아무런 저항도, 아무런 불만도 하지 마라. 그것은 한층 더 자연의 방식이다.

37. 모든 행동에서 누가 행한 것이든 "이것을 행한 그의 목적은 무엇인가?"라고 당신 자신에게 묻는 것을 습관으로 하라. 그러나 당신 자신으로부터 시작하라. 먼저 당신 자신에게 이런 질문을

하라.

38. 우리의 힘줄들을 조종하는 것은 우리들 안에 깊이 숨겨진 신비스런 힘이라는 것을 기억하라. 설득의 음성이 있고, 바로 생명이 있고, 사람 그 자신에게 있다고 우리는 말할 수 있다. 당신의 상상으로 그 힘을 둘러싸고 있는 육체라는 용기나 육체에 붙어 있는 기관들과 결코 혼동하지 마라. 육체와 육체에 붙어 있는 기관들은 육체에서 자라는 것을 제외하고는 목수의 도끼와 같은 도구일 뿐이다. 그들의 활동을 유발하거나 억제하는 작용이 없다면 그 부분들 자체는 직조공에게 북, 글 쓰는 사람에게 펜, 마부에게 채찍처럼 쓸모가 없다.

MARCUS AURELIUS
MEDITAIONS

제11편

1. 이성적 영혼의 특성은 이런 것들이다. 이성적 영혼은 그 자신을 잘 관찰하고, 그 자신을 분석하고, 그가 원하는 것을 그 자신으로 만들고, 그가 맺은 열매를 스스로 즐기고(식물들이 맺은 열매는 동물들이 생산한 상대물과 같이 다른 것들이 즐기는 것과 반대로), 우리의 삶이 정해진 한계에 이르는 어느 순간에든 언제나 이성적 영혼의 업무를 완전하게 달성한다. 왜냐하면 무용이나 연극이나 그와 같은 것들이 갑자기 중단되면 전체로서 공연이 불완전한 것으로 남겨지는 것들과는 다르게 어느 무대에서 저지되더라도 영혼은 그 자신이 만족하도록 그의 임무를 달성할 것이고 "나는 나 자신의 것을 완전히 소유하고 있다."라고 말할 수 있을 것이기 때문이다. 더욱이 이성적 영혼은 마음 내키는 대로 우주 자신의 구조와

우주를 둘러싸고 있는 공허 양쪽으로 우주 전체를 둘러쌀 수 있고 영원 속으로 내뻗칠 수 있고 창조의 주기적 재생을 껴안아 이해할 수 있고, 우리의 조상들이 지금 우리가 보고 있는 것을 보는 것에 지나지 않은 것처럼 후세의 세대들이 새로운 것을 보지 못할 것이지만 사람이 사십 세가 되어 이해력을 얻게 되면 그는 실질적으로 과거와 미래 양쪽의 모든 가능한 사건들을 보아왔다 — 비슷한 점들 때문에 — 는 것을 안다. 마지막으로 이성적 영혼의 특성은 이웃에 대한 사랑, 진실, 겸손 그리고 무엇보다도 자기 자신을 존중하는 것들이다. 자기 자신을 존중하는 것은 법의 특성들 중 하나이므로 이성의 원칙은 하나이고 정의의 원칙과 같다는 결론이 된다.

2. 당신이 선율을 여러 개의 음으로 분해하여 "내가 꼼짝 못할 정도로 마음 뺏기는 것이 바로 이것인가?" 라고 차례로 음 하나 하나에 대해 당신 자신에게 물어본다면 당신은 곧 노래나, 춤이나, 운동이 보여주는 묘기의 유혹에 무관하게 될 수 있다. 당신은 이 사실을 인정하는 것에 대해 꽁무니를 뺄 것이다. 춤추는 사람들의 동작 하나 하나에 내 자세에도 같은 방법을 적용하고 운동가들에게도 같은 방법을 적용해 보라. 요컨대 미덕과 미덕의 연루에 대한 경우를 빼고, 부분들 자체를 직접 다루는 것을 언제나 기억하라. 이런 것들을 분석하여 당신의 각성을 성취하라. 이제 이 방법을 전

체로서 생활에 옮겨라.

3. 육체에서 떼어 놓여지는 일이 갑자기 닥치는 어느 순간에나 사멸, 분산, 또는 생존과 직접 마주할 수 있는 사람은 정말로 행복하다. 그러나 그러한 준비는 틀림없이 그 자신의 결정이다. 그 결정은 기독교인들의[1] 경우처럼 불순종으로 유발될 뿐아니라 신중과 진지함, 그리고 다른 사람들에게 설득력이 있으려면 아무런 과장 없이 형성되었을 것이다.

4. 나는 공공의 일을 했던가? 그렇게 했다면, 나는 이미 보상받은 셈이다. 언제나 이런 생각을 가지도록 하고 그것을 보존하라.

5. 당신이 가장 잘 할 수 있는 재주는 무엇인가? 선량한 것이다. 그러나 당신이 우주의 본질을 통찰하고 사람의 독특한 성질을 통찰하는 철학자의 통찰력이 없다면, 어떻게 당신은 그 재능을 성공으로 이끌려고 하는가?

6. 초기 단계의 극은 비극의 형식을 가지고 있었다. 그것은 세상

---

[1] 이 말이 확실한 것이고 후에 적어넣은 것이 아니었다면 이 말은 마르쿠스가 기독교인들에게 한 유일한 말이다.

의 변화를 보여주는 것으로 어떻게 그런 일들이 자연스럽게 일어날 수 있는가를 우리에게 생각나게 해주고, 그것들이 무대에서 우리를 기쁘게 해주기 때문에 우리는 현실의 더 큰 무대에서 그런 것들이 벌어지는 것으로 손상을 받아서는 안 된다는 것을 생각나게 해준다. 왜냐하면 이런 연극들에서 연기는 피할 수 없는 결과를 연출해야 하더라도 입술에서 터져 나오는 "오, 키타이론이여!"라는 고통에도 불구하고 사람들이 그것을 참아낼 수 있다는 것을 우리는 보게 된다. 더욱이 비극을 쓰는 사람들의 글에서는 여기저기 도움이 되는 말들이 있다. 그 중에서도

신이 나와 나의 두 아이들을 조금도 개의치 않는다면 틀림없이 그럴 만한 이유가 있을 것이다.[3] 또는 사태에 당신의 마음을 괴롭히지 마라. 또는 곡식의 이삭들처럼 사람들의 삶도 거두어들여진다.

그리고 그와 비슷한 많은 다른 말들이 있다. 비극 다음에 고대 희

---

2 소포크레스의 비극 오이디푸스에서 렉스왕은 그의 죄를 사실을 깨닫고 괴로워하고 그의 눈에서 피가 흘러내리면서, '아, 키티이론이여, 키타이론이여, 왜 그대는 나에게 원한을 품는가? 왜 그대는 나를 데려가 나를 죽이지 않았는가?라고 소리칠 만하다. 그는 테베 근처 키타이론 산맥에서 태어났다.
3 마르쿠스가 그의 네 자녀를 잃고 한 말이다.

극이 생겼다. 이것은 선생처럼 엄격한 말이지만 거침없이 솔직함으로 오만을 마음껏 힐책할 수 있었다(어느 정도 똑같은 목적으로 디오게네스가 채택했었다). 그러나 다음에 중세 희극의 목적을 살펴보아라. 그리고 결국은 너무 빨리 단순한 인위적인 무언극으로 퇴보해 버린 근대 희극을 살펴보아라. 우리 모두가 알고 있듯이 후기의 작가들도 분명히 말할 수 있는 몇 마디의 좋은 말을 남겼다. 그러나 그들이 쓴 시와 극의 모든 작품이 지니고 있는 전체적 능력 범위와 의도는 어떤가?

7. 분명히 어떤 삶의 조건도 지금 당신이 놓여 있는 이 상황과 같이 철학의 실천에 대해 잘 적용되어질 수 없을 것이다.

8. 옆가지에서 잘려진 가지는 필연적으로 그 나무 전체에서 잘려져 나간 것이 된다. 동료들 중 어떤 사람에게서 갈라져 떨어져나간 사람도 마찬가지로 공동체에서 떨어져나간 것이다. 그러나 나뭇가지가 어떤 다른 사람의 손으로 잘려지는 것에 반하여 사람은 그의 증오감이나 혐오감으로 이웃으로부터 자신의 소외를 가져오고 동시에 그가 사회의 전체 체제와 관계를 끊는다는 것을 모른다. 그렇지만 모든 제휴 관계의 창시자인 제우스는 본래 상태로 자라나 다시 우리의 이웃과 하나가 되어서 전체의 완성으로 우리가 우리의

역할을 할 수 있게 혜택을 베풀어주었다. 그러나 분리의 행동이 자주 되풀이되면 분리의 행동은 복종 거부로 이런 재결합과 회복을 성취하는 것을 어렵게 만든다. 처음부터 나무 성장의 협동자였고 나무의 삶을 함께 책임지는 것을 결코 그만둔 적이 없는 나뭇가지는 잘라낸 다음에 그 자리에 다시 접붙여진 가지와는 다른 것이다. 정원사들이 말하는 것처럼 접목은 같은 나무가 되지만, 같은 정신이 되지는 않는다.

9. 사람들이 당신에게 이성을 따르는 것을 방해하더라도, 그들은 당신이 건전한 행동을 비껴가게 하는 것을 결코 성공할 수 없게 한다. 그러나 그들은 똑같이 그들에 대한 당신의 관용을 분쇄하는 것을 성공하지 못한다. 당신은 두 입장을 똑같이 지켜야 한다. 결정과 행동에서 당신의 확고 부동함과 동시에 당신을 방해하거나 당신을 괴롭히려는 사람들에 대한 당신의 관대함을 지켜야 한다. 당신의 행동 방식을 버리고 굴복하도록 위협받는 것과 같이 참다 못해 당신이 그들에게 격분하는 것은 매우 약한 것이다. 여하튼 의무가 버려지는 것이다. 전자의 경우에는 용기가 없어서 의무가 버려지고, 후자의 경우에는 당신의 본래 형제들이며 친구들인 사람들부터 소외되어 의무가 버려진다.

10. 모든 예술은 단지 자연의 모방이므로 자연의 어느 형태든 언제나 경쟁에서 예술에게 이긴다. 그러므로 다른 어떤 것보다 더 완전하고 모든 것을 포함하고 있는 최고의 자연은 예술가의 기능에서 탁월하게 나타나지 않을 수 없다. 더구나 예술가들이 그들의 열등한 작품을 만들어내는 것은 더욱더 높은 무엇을 창조해내는 데만 목표를 두고 있기 때문이다. 이 사실은 자연 자신도 하고 있는 것이다. 그러므로 바로 여기에서 우리는 정의의 근원을 발견한다. 왜냐하면 모든 다른 미덕은 이 점에 달려 있기 때문이다. 우리가 가치가 낮은 것을 탐하고, 경솔하게 믿어버리고, 완고하고, 변덕스러운 상태에 만족해 하는 한 우리는 결코 진정한 정의를 성취할 수 없다.

11. 당신이 추구하거나 회피하려고 괴로워하고 씨근거리는 것들이 당신에게 오지 않지만 오히려 당신이 그것들에게 갈지도 모른다. 그것들에 대한 당신의 판단을 억제된 상태에 남아 있게 하라. 그들만은 움직이지 않을 것이다. 그러면 당신은 그것들을 추구하거나 회피하는 것을 보지 않게 될 것이다.

12. 영혼이 무엇인가를 찾아 노력하지 않고 다시 움츠러들지 않고 있을 때 하나씩하나씩 흩뿌리려고도 하지 않고 무너져서 주저

앉으려고도 하지 않지만 세상과 영혼 자신을 영혼에게 그것들의 진정한 색깔로 드러내 광휘로 흠뻑 젖어 있을 때 영혼은 완벽하게 둥글게 된 형태를 달성한다.[4]

13. 어떤 사람이 나를 비웃으려 하는가? 그것은 그의 관심일 것이다. 나의 관심은 내가 행동하거나 말하는 어떤 것도 비웃음을 받을 만하지 않도록 책임을 지는 것이다. 아마 그는 나를 미워할까? 역시 그것은 그의 관심일 것이다. 나의 관심은 모든 사람들에게 호의와 자비를 보이는 것이고, 그가 잘못을 저지르는 곳에서 그의 잘못을 일깨워줄 준비를 하는 것이고, 비난하지 않거나 인내력을 과시하지 않고 그렇게 하는 것이다. 그러나 — 그의 말이 위선적이지 않았다고 우리가 생각한다면 — 옛 포키온처럼[5] 솔직하고 관대하게 태도를 보이는 것이다. 그것은 사람이 그의 내면에 가지는 올바른 정신이다. 사람은 악의를 품거나 그의 괴로움에 대해서 불평하는 것을 신들에게 결코 보이지 않아야 한다. 당신이 당신의 올바른 생존 법칙을 따르고 온갖 방법으로 세계의 복지를 촉진하는 것에 온 힘을 기울이는 진실한 사람같이 언제나 자연이 적절하라고 생각하는 것은 무엇이냐를 받아들인다면 어떤 악이 당신을 해칠 수

---

4 완전함을 상징하는 둥근 모양은 마르쿠스가 좋아했다.
5 아테네의 장군이었으며 정치인이었다.

있겠는가?

14. 사람들은 서로 경멸하지만 아첨한다. 어떤 사람이나 저마다 다른 사람을 앞지르기를 바라지만 그 사람 앞에서 움츠러들고 굽신거린다.

15. 어떤 사람이 "나는 당신을 완전히 정직하게 대하기로 결심했습니다."라고 말할 때 그 말은 정말로 공허하고 불성실하다. 왜 사람은 이런 쓸데없는 말을 하는가? 그런 일은 머리말이 필요 없다. 그는 그것 자체를 밝히는 것이다. 그 말은 당신의 이마에 쓰여지게 될 것이다. 그 말은 당신의 음성으로 울릴 것이다. 가장 사랑하는 사람이 주는 한 번의 눈짓이 아이에게 모든 것을 말해 주듯이 그 말은 순식간에 당신의 두 눈에서 비쳐 나온다. 성실과 선량은 그것들 자체의 명백한 향기를 가져야 한다. 그래서 이것과 마주치는 사람은 자신과는 상관없이 그것을 똑바로 알게 된다. 변질된 정직은 숨겨진 단도이다. 여우의 가장된 호의는 가장 비열한 짓이고, 무엇보다 피해야 하는 것이다. 진실로 선하고 성실하고 호의가 있는 사람은 안색에서 드러날 것이고 아무도 그것을 알아볼 수 없다.

16. 어떤 영혼이 관심이나 흥미를 가질 수 없는 것인 사물 자체

에 무관심할 수 있다면, 그 영혼은 훌륭한 생활을 완전하게 성취할 수 있다. 이렇게 하려면 첫째로 사물은 구성하는 요소들을, 그 다음에는 사물들 자체들을 조심스럽게 자세히 살펴라. 사물의 어떤 것도 우리의 생각을 형성할 수 없다는 것을 명심하라. 사물들은 우리에게 가까이 오지 않고, 그것들은 정지 상태로 머물러 있다. 사물들에 관해서 판단하고, 말하자면 우리의 마음속에 이러한 것들을 계속 새겨가는 것은 우리들이다. 이런 사실에도 불구하고 마음속에 아무것도 새겨두든 안 하든 하여간 알지 못하는 것으로 새겨왔을지도 모르는 어떤 것을 빨리 지우든 그 둘 중 어느 쪽도 우리의 능력에 달려 있다. 더욱이 당신은 이런 문제들에 주의할 시간이 별로 많지 않다는 것과 우리의 수명이 곧 끝날 것이라는 것을 기억해야 한다. 그러므로 사물들이 언제나 당신의 마음에 들지 않더라도 손상되지 않게 하라. 사물들이 자연과 조화되는 한 그것들을 반가워하고 곤란한 기색을 보이지 마라. 그것들이 당신의 마음에 들지 않으면 당신 자신의 본질 자체가 요구하는 것을 찾아내고 그것에 대하여 길을 서두르라. 왜냐하면 사람은 언제나 그 자신의 이익을 찾는 것은 정당하기 때문이다.

17. 각각의 사물이 어디에서 시작하고, 무엇으로 구성되었으며, 그것이 무엇으로 변화하고, 변화하여 그것은 무엇이 될까, 그 변

화는 사물에 조금도 더 나빠진 것이 아니라는 것을 깊이 생각해 보아라.

18. 화가 났을 때 첫 번째 원칙을 생각하라. 당신 자신과 그밖의 사람들 사이의 친밀한 유대를 기억하라. 우리 모두는 서로를 위해서 태어났기 때문이라는 이 말은 널리 통용되고 있다. 또는 숫양이 양떼를 이끌기 위해서 만들어졌다고 하는 것이나 황소가 소떼를 이끌기 위해서 만들어졌다고 하는 말처럼 나는 지도자가 되기 위해 태어났기 때문이라는 다른 이유가 제시되기도 한다. 다시 — 첫 번째 원칙으로 되돌아가자 — 세상이 전적으로 원자로 되어 있지 않다면 세상은 자연의 지배를 받아야 하기 때문에라는 말이 통용된다. 그래서 그런 경우에 창조물의 하등동물 질서는 고등동물 질서를 위해 존재해야 하고 고등동물의 질서는 서로를 위해 존재해야 한다.

둘째, 식탁, 잠자리 등등에서 사람들의 특성을 생각해 보아라. 특히 그들 자신의 사고방식이 그들에게 행사하는 압력, 그들이 이런 행동을 저지르는 당연한 자부심을 생각해 보라.

셋째, 그들이 하고 있는 것이 올바르다면, 당신은 화가 날 필요가 없다. 그렇지 않다면, 그것은 고의가 아니고 알지 못해서 한 것뿐이다. 왜냐하면 "어떤 영혼이든 항상 고의로 진리를 버리지 않는 것과 같이 아무도 언제나 고의로 자기가 할 권리를 가진 일을 다른 사람에게 주지 않기 때문이다. 어떤 사람이 다른 사람들을 그들의 이웃사람들에 대해서 부당하고, 배은망덕하고, 야비하고, 어떤 다른 행실이 나쁘다고 비난하면 그들이 분노하는 것을 보게 된다.

넷째, 당신 자신은 여러 가지 방식으로 화를 내고 다른 사람들과 다르지 않다. 당신은 확실히 잘못을 저지르지 않을지도 모른다. 그러나 비겁이나 당신의 명성에 대한 조심이나 어떤 그런 비천한 동기 때문에 당신이 다른 사람들의 비행을 모방하지 않더라도 그런 성향은 있다.

다섯째, 사람들의 행동 동기들이 반드시 그들이 생각하는 것이 아니기 때문에 당신은 사람들이 어쨌든 나쁜 짓을 하고 있다고 확신하지 못한다. 어떤 판단이든 다른 사람들의 행동에 대해 확실히 공표될 수 있기 전에 일반적으로 알아야 할 것이 많이 있다.

여섯째, 당신이 화가 나서 참을 수 없을 때 이 세상의 죽을 수밖에 없는 삶은 일순간일 뿐이라는 것을 당신 자신에게 말하라. 머지않아 우리는 모조리 죽어 영원히 쉬게 될 것이다.

일곱째, 우리를 괴롭히는 근원은 사람들의 행동 — 그것은 사람들 자신의 지휘하는 이성의 관심이다 — 이 아니고 우리 자신들이 행위를 부당하게 다루는 견해이다. 이 점을 무시하라. 행동들이 흉악하다는 모든 생각을 되돌려 없애는 것을 동의하라. 그러면 분노는 즉시 사라진다. 어떻게 그런 생각을 지워 없앨 수 있을까? 그것은 하여간 당신이 불명예를 남기지 않았다는 것을 상기하는 것으로 할 수 있다. 왜냐하면 도덕적으로 불명예가 포함되어 있는 행동이 악이 아니라며 당신은 많은 간악함을 저질렀을 것이기 때문이다.[6]

여덟째, 우리의 분노와 괴로움은 우리를 분노하게 하거나 괴롭히는 일들 자체보다 우리에게 더 해롭다.

아홉째, 친절한 행위가 진심에서 우러나오고, 가장된 웃음이나 이중성이 아닌 한, 친절한 행위는 억누를 수 없다. 당신이 무례한 사람에게 언제나 친절하게 대하고, 기회 있을 때 부드럽고 상냥한 말로 충고해 주고, 그가 당신에게 적의를 드러내는 때에는 "얘야, 안 돼. 우리는 이런 짓을 하려고 태어난 것이 아니다. 나는 해를 입지 않아. 네가 해치고 있는 것은 너 자신이다."라고 조용히 설득시킨다면, 가장 몰염치한 사람이라도 아무 일도 저지를 수 없다. 어찌하여 이런 행동이 그런가를, 어찌하여 꿀벌들과 다른 군생을 하는 동물들까지도 그가 행동하는 것처럼 행동하지 않는가를 정중하고 까다롭지 않고 쉬운 말로 말해 주어라. 그러나 조금이라도 비꼬거나 헐뜯지 말고, 진실한 애정으로, 원망하지 않는 다정한 태도로

---

6 마르쿠스는 강자나 약자를 억압하는 것이 엄격히 말해서 강도의 행위라고 지적하고 있다.

그렇게 하라. 학교 선생님 같은 태도로 하지 말고, 구경꾼의 칭찬을 받을 목적으로도 그렇게 해서는 더욱 안 된다. 그러나 주위에 다른 사람들이 있다 하더라도 당신과 그 사람만의 사생활인 것처럼 이야기해야 한다.

이 아홉 가지의 교훈을 뮤즈의 아홉 여신들에게서 받은 선물처럼 마음에 간직하라. 살아 있는 동안에 사람이 되려고 하라. 그러나 당신 자신을 다른 사람들에 대해 분노하는 것으로부터 보호하는데 아첨하지 않는 정도로 주의하라. 전자는 후자만큼 공공의 복지에 거스른다. 그래서 둘 다 결국 해악이 된다. 화가 난다고 해서 격한 감정을 드러내는 것은 남자다운 일이 아니고, 온화하고 평온한 사람에게 한층 더 자연스러운 인정뿐아니라 남자다움도 있다. 강함과 용기와 남자다움을 입증하는 사람은 화를 내고 불만을 품은 사람이 아니다. 분노는 슬픔과 같이 약함의 표시이다. 이 두 가지 경우에 사람들은 상처를 받고 패배하는 것이다.

그 위에 하고 싶다면 뮤즈 신들의 지도자 자신으로부터 이번에는 열 번째 선물로서 받아들여라. 나쁜 사람들이 나쁜 일들을 저지르지 않기를 바란다는 것은 정신나간 짓이다. 그것은 불가능한 것을 바라고 있다. 다른 사람들에 대해서 그들의 무례함을 참는 것과 당신 자신에 대해서 아무것도 바라지 않는 것은 분별없는 것이고 독단적인 것이다.

19. 당신이 끊임없이 지켜야 하고 발견되었을 때는 언제나 억눌려야 하는 영혼의 키잡이가 범하는 네 가지 과오가 있다. 그런 과오를 저지른 사람들 하나하나에게 이렇게 말하라. '이것은 쓸데없는 생각이다.' '이것은 우정을 훼손하는 생각이다.' '이것은 나의 참된 자아의 목소리가 아니다.' (왜냐하면 당신의 진정한 감정이 아닌 어떤 것을 말하는 것은 가장 잘못된 것이기 때문이다.) 네 번째로 당신이 자신을 책망하고 싶을 때, '이것은 내 안에 있는 신적인 요소가 추악한 관념을 지닌 비열하고 죽을 운명의 육체에 의해 좌절되어 강제로 무릎을 꿇었다는 것을 증명할 것이다.'

20. 당신의 성분 중에서 공기 미립자와 불 미립자의 본성이 위로 오르려는 성향을 지녔으면서도 전체의 법칙에 순응하여 이것들은 미립자들이 구성하고 있는 육체 안에 감금되어 억제되어 있다. 또 한편으로 아래로 가라앉으려는 성향에도 불구하고 당신 안에 있는 흙 미립자와 유동체 미립자는 떠받쳐 올려져 그것들에게 본래의 것이 아닌 자리를 차지하도록 강요되었다. 이렇게 이런 미립자들까지 전체의 법칙을 따른다. 어떤 자리에 지정되었을 때 미립자들은 분해의 신호가 그들을 다시 소환할 때까지 그곳에 남았다. 그러면 순응하지 않고 지정된 자리에 분노하는 당신의 부분만이 생각하는 부분이어야 한다는 것은 슬프지 않은가? 강력한 어느 것도

생각하는 부분에게 요구하지 않고, 생각하는 부분 자신의 본성과 부합지 않는 어느 것도 요구하지 않는다. 그러나 생각하는 부분은 순종하지 않을 것이고, 반대 방향으로 도망가 버릴 것이다 — 왜냐하면 불의, 방종, 분노, 슬픔, 또는 공포를 향한 모든 그 부분의 행동은 무엇인가? 그 부분은 본성에서 고의로 벗어난 것뿐이기 때문이다. 일단 영혼의 키잡이가 그 부분에 일어나는 어떤 것에 대한 분개를 보이면 곧 그 부분은 그것의 직무에서 떠나 버린다. 왜냐하면 그 부분이 정의를 위해서만이 아니라 신들에 대한 신성과 존경심을 위해 만들어졌기 때문이다. 우주 협력의 일부분이므로 이것들은 실로 정의보다 앞서야 한다.

21. 어떤 사람의 삶에 시종일관하고 한결같은 목적이 없다면, 그 삶 자체는 시종일관하고 한결같을 수 없다. 당신이 목적이 어떤 것이어야 한다는 설명을 부연하지 않는다면, 이 얘기만은 충분하지 못하다. 우리가 의견의 일치가 있다는 것을 아는 것은 일반적으로 선이라고 생각되는 것들의 전체에 관해서가 아니고 어떤 일정한 종류의 것들에 관한 것이다. 즉, 사회의 복지에 영향을 끼치는 것들이다. 따라서 우리가 우리 자신에게 이루려고 뜻을 두고 힘써야 하는 목적은 같은 사람들과 공동체의 이익이어야 한다. 이것에 온갖 노력을 기울이는 사람은 누구나 그의 모든 행동에 한결같을 것

이다. 그러므로 일관성있는 사람이 될 것이다.

22. 시골의 생쥐가 도회지의 생쥐와 마주쳤을 때 시골 생쥐가 당황하고 동요했다는 이야기를 기억하라.[7]

23. 거리의 사람들이 의심 없이 받아들이는 소크라테스의 이름은 아이들을 놀라게 하는 '악귀'였다.

24. 스파르타 사람들은 모든 사회 일반 사람들의 구경거리가 벌어지는 곳에서 그들의 손님을 그늘에 앉혔고, 그들 자신들은 그들이 앉을 수 있는 곳이면 아무데나 앉았다.

25. 소크라테스는 페르디카스 궁전에 초대하는 것을 정중히 거절하는 이유로 다음과 같은 핑계를 댔다. "나는 치욕스럽게 죽고 싶지 않습니다." 이 말은 그가 갚을 수 없는 호의를 받지 않겠다는 뜻이다.

26. 에베소 사람들의 경전에는 고결한 생애를 보낸 과거의 모범

---

[7] 이와 같이 마르쿠스는 철학자에게 자신의 영혼의 평온을 세계의 혼란으로 바꾸지 말라고 경고하고 있다.

된 사람을 자주 기억하며 실천하라는 권유가 들어 있다.

27. 피타고라스학파 사람들은 천체들이 얼마나 변함없이 정확하게 그들에게 지정된 일을 해내는지를 스스로 생각해 보고 질서 정연하고 순수하고 꾸밈없는 단순함을 — 어떤 베일도 별을 가리지 않기 때문에 — 마음에 새겨두기 위해 아침마다 하늘을 살펴봐야 할 것을 요구했다.

28. 크산티페가 그의 옷을 가지고 걸어나간 후에 양가죽으로 그의 몸을 감쌌다[8]는 소크라테스를 생각해 보라. 그의 친구들이 그렇게 차려입은 그를 보고 뒤로 물러서 주춤할 때 소크라테스가 그의 친구들에게 무슨 말을 했는지를 생각해 보라.

29. 글을 읽고 글을 쓰는 데 있어서 당신이 규칙들을 따르는데 익숙해지기 전에는 당신은 규칙을 정할 수 없다. 삶에서는 더욱 더 그러하다.

30. '본래 노예 근성을 지닌 그대에게 이성은 용납되지 않는다.'

---

8 이런 사실에 대한 기록은 없다. 그러나 우리는 소크라테스가 크산티페의 거슬리는 행동으로 언제나 성내지 않았다는 것을 알고 있다.

31. '…… 그때 나의 내면에 나의 마음이 웃었다.'

32. '그들은 미덕을 남용하고 욕설을 퍼부을 것이다.'

33. '어리석은 사람은 겨울에 무화과 열매를 찾는다. 때가 지났을 때 아이를 얻으려는 사람 역시 그렇다.'

34. "당신이 당신의 아이에게 입맞출 때 너는 내일 죽을지도 모른다고 작은 목소리로 중얼거린다."라고 이전에 에픽테토스에게 말했다. "불길한 말이다."라고 사람들은 에픽테토스에게 말했다. "전혀 불길한 말이 아니다. 자연의 행동을 의미하는 것일 뿐이다. 그렇다면 익은 곡식을 추수하는 말을 하는 것도 불길할 것이다."라고 그는 대꾸했다.

35. '익지 않은 포도, 익은 포도송이, 말린 포도 : 모든 단계가 변화이다. 지금 있지 않은 것으로 변화하지 않고 이제부터 있게 될 것으로 변화하는 것이다.'

36. "당신의 자유 의지를 빼앗을 사람은 존재하지 않는다."고 에픽테토스는 말했다.

37. 그는 우리가 우리의 동의용으로 어떤 알맞은 체제를 발전시켜야 한다고도 말한다. 추진력의 점에서 우리는 그것들을 언제나 변화에 맞추게 하여 두고, 사리추구가 없게 하여 두고, 문제의 장점에 충분히 어울리도록 조심해야 한다. 욕망 역시 극도로 억제되어야 한다. 혐오는 우리 자신의 억제로 문제된 사건과 사물로 한정되어야 한다.

38. "여기에서 어떤 사소한 것도 문제가 안 되고 다만 미쳤느냐 미치지 않았느냐 하는 간단한 문제가 있을 뿐이다."라고 그는 말한다.

39. "당신이 원하는 것은 어떤 것인가? 이성적 사람의 영혼인가 비이성적인 사람의 영혼인가?"라고 소크라테스가 묻곤 했다. '이성적인 사람의 영혼이다.' '건전한 이성적인 사람인가 또는 병든 이성적인 사람인가?' '건전한 이성적인 사람이다.' '그렇다면 왜 그런 사람들을 추구하지 않은가?' '우리는 이미 그들을 갖고 있기 때문이다.' '그렇다면 왜 당신은 싸우고 다투고 있는가?'

MARCUS AURELIUS
MEDITAIONS

제12편

1. 당신이 자신에게 모든 축복을 거절하지 않는다면 당신이 장래 얻기를 바라는 모든 축복은 오늘 당신의 것이 될 수 있다. 당신은 과거와 아주 관계를 끊고 미래를 섭리에 맡겨야만 하고 솔직히 현재를 신성과 정의로 바르게 돌리려고 애써야 한다. 자연은 신성을 당신을 위해, 당신을 신성을 위해 생기게 했기 때문에 신성은 당신의 지정된 운명을 애정어리게 받아들이는 것을 의미한다. 정의는 당신이 솔직하고 똑바른 진실을 말하고 당신이 법을 존중하고 모든 사람의 권리를 존중하여 행동하는 것을 의미한다. 다른 사람들의 악의, 그릇된 생각, 또는 비난에도 당신의 육체가 느낄지도 모르는 감각으로 어떤 방해를 받지 않도록 하라. 육체의 괴로운 부분은 스스로 보호할 것이다. 당신이 이승을 떠날 때가 가까워지고 있

다. 당신이 다른 모든 것들을 잊고 영혼의 키잡이와 당신 안에 있는 신성의 광채에만 관심을 쏟는다면 — 당신이 언젠가 당신의 삶을 끝마쳐야 하는 두려움을 버리고 자연의 진실한 원칙에 따른 삶을 시작조차도 해보지 못할 것이라고 두려워 한다면 — 당신은 모국에서 이방인이 되지 않고, 뜻밖의 놀라움으로 당황하는 것과 같이 일상의 일어나는 일로 당황하는 일 없이 당신을 생겨나게 했던 우주에 어울리는 사람이 될 수 있다.

2. 신은 모든 물질을 덮고 있는 껍질, 폐물, 불순물들을 벗겨놓은 사람들의 내적인 정신을 본다. 그의 생각만으로 신은 신 자신에게서 흘러나와 사람들에게 흘러들어간 정신과 접촉한다. 똑같이 하려고 당신 자신을 단련하라. 그러면 당신은 많은 혼란을 덜게 될 것이다. 왜냐하면 이 육체를 싸고 있는 것을 대수롭지 않게 여기는 어떤 사람이 의복, 집, 명예, 어떤 다른 생활의 치장으로 괴로워하겠는가? 이기 때문이다.

3. 당신은 세 개의 부분, 즉 육체, 생명, 정신으로 구성되어 있다. 처음 두 가지는 당신이 그것들을 돌봐야 하는 책임을 져야 한다는 뜻에서 당신의 것이다. 마지막 것은 진정으로 당신의 것이다. 그러므로 당신이 실제의 자신에게서 — 당신의 지력에서 — 떨어져 나

간다면, 즉 외부 상황의 소용돌이에 휩쓸리는 모든 것과 같이 다른 사람들이 행동하거나 말하는 모든 것, 당신 자신이 행동했거나 말했던 모든 것, 또한 미래에 대한 모든 불안, 육체에 영향을 끼치는 모든 것, 당신의 통제력이 미치지 못하는 육체의 동반자인 생명에서 떨어져나가면 이렇게 운명이 할 수 있는 모든 것이 방해하지 못하게 하여 초연하고 순결한 당신 정신의 힘은 독립하여 그것 자신의 생활을 할 수 있어서 정당한 것을 행하고, 닥치는 일을 인정하고, 진실을 말하게 될 것이다 — 이봐, 당신이 모든 이런 집요한 애착, 미래의 긴 세월과 과거의 긴 세월에 벌어질 것이고 벌어졌던 무엇이나를 당신 정신의 주 기능에서 떨쳐버리고 엠페도클레스가 '그것 자신의 원숙한 기쁨에 완전하고 둥근 현상' 이라고 부른 것이 되었을 당신 자신에게 가르치고, 이 순간의 삶인 당신이 지금 살고 있는 생활에만 관심을 쏟는다면 죽음이 올 때까지 당신은 전혀 불안이 없이, 당신 안에 있는 신의 온정과 총애를 받으며 남은 여생을 보낼 수 있을 것이다.

4. 나는 사람이 저마다 다른 모든 사람들보다 자기 자신을 사랑하지만 각각의 사람이 자기 자신에 대한 평가를 다른 사람들에 대한 그 자신의 평가보다 못한 것으로 생각해야 하는 것이 어떤지에 가끔 호기심을 품는다. 확실히 어떤 신이나 현명한 의논 상대자가

옆에 있으면서 마음속에 어떤 생각이나 목적을 품으면 반드시 곧 밖으로 나타내라고 그에게 말한다면 그는 단 하루도 견딜 수 없을 것이다. 그렇지만 우리는 우리 자신의 판단보다 우리 이웃의 판단을 훨씬 더 존중한다.

5. 신들이, 다른 모든 것들을 똑같이 그리고 인정을 많이 쏟아 만든 신들이 뛰어나게 덕이 높은 사람들, 신과 가장 가까운 관계를 가지고 있고 선행과 헌신을 통해서 신과 친밀히 결합하여 살고 있는 사람들까지도 죽은 후에 다시 살아나지 않고 완전히 사멸되어 버리게 되는 것을 틀림없이 모르고 있는 것을 예사로 보아 넘길 수 있을까? 그러나 이것이 확실히 그들의 운명이었다 하더라도 어떤 다른 계획이 필요했다면 사람들이 그렇게 정했을 것이라고 그들은 안심하고 있었다. 그것이 자연과 일치된다면 자연은 그것을 이루었을 것이다. 그러므로 그것이 그렇게 되지 않은 사실로 (실제로 그렇게 되지 않았다면) 당신은 그것이 그렇게 되지 않아야 한다는 것을 확신할 수 있을 것이다. 반드시 당신은 이와 같은 쓸데없는 문제를 일으켜서 당신이 신을 고발하고 있다는 것을 알고 있는가? 신들이 가장 선하지 않고 정의롭지도 않다면 우리들은 이런 방법으로 신들과 의견이 대립해야 하는가? 신들이 매우 선하고 정의롭다면, 어떻게 신들은 우주에 대한 처분에서 부당하고 불합리하게

무언가가 예사롭게 넘기도록 내버려 두었을까?

6. 성공이 가망 없을 것 같을 때라도 실행하라. 실행이 부족하여 다른 여러 가지 점에서 서툴지만 왼손은 오른손보다 더 단단하게 고삐를 잡을 수 있다. 왜냐하면 이 일에는 왼손이 실행을 했기 때문이다.

7. 죽음이 당신에게 닥쳐왔을 때 당신은 육체와 영혼에는 어떨까를 명상하라. 삶이 짧은 것, 삶의 뒤와 앞에 있는 헤아릴 수 없는 영원의 심연을 명상하라. 만물의 덧없음을 명상하라.

8. 껍질이 벗겨진 사물들의 가장 깊은 안쪽에 있는 원인들을 살펴보아라. 행동들 밑에 놓여 있는 의도를 알아보아라. 고통, 기쁨, 죽음, 명예의 본질을 살펴보아라. 사람의 불안은 어떻게 각기 자기 자신이 만들게 되고, 어떻게 고민은 결코 다른 사람의 작용에서 생기는 것이 아니고, 다른 모든 것과 같이 우리 자신의 생애에서 생기는 것인지를 관찰하라.

9. 당신의 원칙들을 운용할 때 검객이 아니고 권투 선수를 본보기로 삼아라. 전자는 그의 칼을 내려놓았다가 다시 집어 들어야 한

다. 후자는 반드시 손이 있어야 하고 손을 꽉 쥐어야만 한다.

10. 사물들이 구성된 성분을 살펴보아라. 다음에 그 사물들을 물질, 형태, 목적으로 분석해 보아라.

11. 특권이 사람에게 얼마나 크게 내려지는가 — 신이 찬성하는 것만 행하고, 신이 부여하는 것은 무엇이든 받아들여라!

12. 자진해서든 그렇지 않든 신은 부적당한 일은 어떤 것도 하지 않기 때문에 일의 진행 절차에 대한 책임은 신에게 있지 않다. 그것은 사람들에게도 없다. 사람들의 비행은 사람들 자신의 의지 작용이 조금도 없다. 그러므로 비난하려는 모든 생각을 삼가라.

13. 우리의 삶에서 일어나는 어떤 일에서나 놀라는 것은 참으로 우습고 이상스럽구나!

14. 냉혹한 운명이 있고 범할 수 없는 법이 있고, 자비로울 수 있는 섭리가 있고, 그렇지 않으면 목적이 없고 미친 듯이 날뛰는 혼란이 있다. 저항할 수 없는 운명이 있다면, 왜 운명과 싸우려고 하는가? 자진해서 자비를 보이려는 섭리가 있다면 신의 도움을 받을

수 있도록 최선을 다하라. 지도자가 없는 혼란이 있다면, 그런 폭풍의 바다에서 당신이 마음속에 키를 잡는 정신을 가지고 있다는 것을 고마워하라. 그 폭풍이 당신을 덮친다면 그 폭풍이 육체, 생기, 그리고 다른 것 모두를 덮치게 하라. 그러나 그 폭풍이 당신의 정신을 결코 파멸시키지 못할 것이다.

15. 등불의 불꽃은 꺼질 때까지는 찬란하게 빛난다. 그러나 진리, 지혜, 정의는 당신 자신이 죽기 전에 당신 안에서 없어지게 될까?

16. 어떤 사람이 잘못을 저질렀다고 생각되어질 때 '어떻게 나는 그것이 잘못되었다는 것을 알게 되는가?' 라고 생각해 보라. 더구나 그것이 잘못되었다고 하더라도, 그는 마치 그의 손톱이 그의 얼굴을 눈에 뛰게 할퀴는 것처럼 그가 빠르게 그 잘못에 대해 그 자신을 질책하지 않을까를 생각해 보라. 불량배가 결코 잘못을 저지르지 않기를 바라는 것은 무화과 나무가 열매의 신 과즙을 결코 만들지 않기를 바라는 것, 갓난 아기가 결코 울지 않기를 바라는 것, 말이 결코 울지 않기를 바라는 것, 생활의 불가피한 어떤 다른 것이 결코 일어나지 않기를 바라는 것과 같다. 그가 가진 성격에서 어떻게 그가 다르게 행동하겠는가? 당신이 그토록 난처한 잘못을

만나게 되면 그것을 개선하라.

17. 행하려는 것이 옳은 일이 아니면 결코 그 일을 행하지 마라. 그것이 진실이 아니면 그것을 말하지 마라. 당신의 충동을 억제하라.

18. 언제나 일이나 사물의 전체를 살펴보아라. 당신에게 인상을 주는 것이 무엇인가를 알아보라. 그 다음에 그것을 시작하여 근거, 재료, 목적, 그 일이 끝나야 하기 전 시간의 길이를 자세히 살펴보라.

19. 너무 늦기 전에 당신이 당신의 감정을 움직이고 당신을 꼭두각시처럼 실룩실룩 움직이게 하는 단순한 본능보다 높은 수준에 있고 신과 같은 어떤 것을 당신의 내부에 지니고 있는 것을 알아보도록 힘써라. 이 순간에 나의 이해력을 흐리게 하는 것은 어떤 것일까? 두려움인가, 질투인가, 욕망인가, 또는 어떤 다른 것일까?

20. 첫째로 우연하거나 목적 없는 모든 행동을 하지 않도록 하라. 둘째로 모든 행동의 공익만을 마음먹어라.

21. 곧 당신 자신이 이곳 저곳 떠돌아다니는 존재하지 않는 것이 되어야 한다는 것을 기억하라. 곧 지금 당신의 눈과 마주치고, 지금 삶의 생기가 있는 것 안의 모든 것과 함께 있는 모든 것은 머지않아 존재하지 않게 된다는 것을 기억하라. 왜냐하면 모든 것들은 태어나 변화하고, 소멸하고, 사라져 없어지고, 다른 것들이 차례차례 생기기 때문이다.

22. 모든 것은 당신의 생각이 만들어낸 것일 뿐이다. 그 생각은 당신 자신에게 있다. 당신이 원할 때 그 생각을 포기하라. 그러면 곧 당신은 돛을 내리고 모든 것은 평온하다. 평온한 바다는 조수의 간만이 없는 항구다.

23. 어떤 작용이라도 작용이 알맞은 때에 끝내어진다면 그 정지는 그 작용에 어떤 해도 입히지 않는다. 행위를 하는 사람 자신도 그의 행동을 그만두었기 때문에 더 나빠지지 않는다. 그러므로 삶 자체가 — 그것은 모든 우리의 작용의 전체일 뿐이다 — 때가 되었을 때 역시 멈춘다면 삶 자체는 단순히 멈추는 것으로 아무런 해도 입지 않는다. 때에 알맞게 전체 작용을 끝내는 사람은 해롭게 영향도 받지 않는다. 그러나 적절한 시간과 관계를 자연이 결정한다. 사람 자신의 본성이 결정하는 것이 아니라면 — 예를 들어 노년기

를 통해서처럼 — 그래서 여하튼간에 자연 자신에 의해, 자연의 모든 부분이 계속 새로워짐으로써 우주는 영원히 생기발랄한 상태로 남았다. 전체의 목적을 만족시키는 것은 무엇이든 공명 정대하고 한창인 상태로 유지된다. 그러므로 당연히 삶을 끝마치는 것은 사람에게 불행일 수 없다 — 왜냐하면 자신의 통제를 넘어선 일이고 모든 이기주의가 없는 것이므로 거기엔 사람을 격하시키는 것은 아무것도 없기 때문이다 — 우주에 대해서 삶을 끝마치는 것, 적절하고, 쓸모가 있고, 다른 모든 것과 조화를 이루는 것이므로, 오히려 삶을 끝마치는 것은 선이기도 하다. 따라서 신의 방식을 따르고 생각으로 신과 하나가 되어 사람은 앞으로 신의 권능으로 태어나게 된다.

24. 기억해 둘 가치가 있는 세 가지 교훈이 있다. 첫째는 행동에 관계된다. 행동은 닥치는 대로도, 정당하지 않은 방법으로도 행해지지 않아야 한다. 당신은 모든 외적인 사건들이 기회이거나 또는 섭리이거나 어느 한쪽의 결과라는 것을 기억해야 한다. 그래서 당신은 기회를 비난할 수 없고, 섭리도 비난할 수 없다. 둘째로 최초의 종자에서 영혼의 탄생까지, 영혼의 탄생에서 영혼의 최후 반환까지 모든 것이 어떤가를 잘 생각해 보라. 사물은 어떤 것으로 혼합되었으며, 그 사물은 무엇으로 분해되는지를 잘 생각해 보라. 셋

째로 갑자기 구름 속으로 들어올려져 연달아 바뀌는 인간 활동의 전체를 내려다보고 있다고 상상해 보라. 그 장면이 어떻게 당신의 치욕을 자극할까를 상상해 보라. 그래서 당신은 주위에 떼지어 모여드는 영묘하고 하늘의 사람들을 식별할 수 있을 것이다. 더욱이 이런 방법으로 자주 들어올려진다 하더라도 당신은 모든 단조로움과 덧없음 속에서 똑같은 것을 보게 될 것이다. 그러나 이런 것들은 우리가 그토록 자랑하는 것이다.

25. 당신이 가진 의견을 버려라. 그러면 당신은 위험을 벗어난다. 의견을 버리는 것을 누가 방해하겠는가?

26. 당신 자신이 어떤 일에 분노를 품을 때, 당신은 자연에 순응하지 않으면 아무것도 생길 수 없다는 것을, 그런 사태에서 행해진 어떤 부당한 행위이든 당신의 행위가 조금도 없었다는 것을, 더욱이 이런 일은 일이 언제나 그렇게 일어났으며, 앞으로도 그렇게 일어날 것이고, 지금도 그렇게 일어나고 있다는 것을 잊고 있다. 당신은 사람이 그의 동족에게 가지는 동족애의 친밀감도 잊고 있다. 동족애는 혈연이나 사람이라는 동족이 아니고 공동의 이해력이라는 형제애이다. 모든 사람의 이해력이 신이며, 신에게서 전해지는 감화력이라는 것을 당신은 잊고 있다. 당신은 사람의 자식, 사람의

육체, 사람의 영혼 자체조차도 모두가 이 같은 신에게서 왔기 때문에 아무것도 당연히 사람 자신의 것이 아니라는 것을 잊고 있다. 당신은 모든 것이 관념에 따라 좌우되며 사람이 살 수 있거나 죽을 수 있는 것은 현재뿐이라는 것을 잊고 있다.

27. 걱정에 제한이 없고 명예, 불행, 비난, 다른 기회의 정상에 이르렀던 사람들의 삶을 곰곰이 생각해 보라. '그들 모두가 지금은 어디에 있을까?' 라고 생각해 보라. 증기요, 재요, 이야기 속의 인물이 되어버렸지 않은가! 수많은 사례들을 깊이 생각해 보라. 파비우스 카툴리누스가 그의 사유지에서, 루시우스 루푸스가 그의 정원에서, 스테르티니우스가 바이에에서, 티베리우스가 카푸리에서, 베리우스가 투프스에서 어떻게 생활했는지를 생각해 보라. 하여튼 오만이 마음을 덮친 사례를 생각해 보라. 모든 그들의 노력이 얼마나 쫓아갈 가치가 없는 것이었나! 정의, 절제, 신에게 충성을 목표 삼았다면 그것이 훨씬 더 철학자다웠을 것이라고 생각하라 ─ 언제나 소박하게, 왜냐하면 겸손의 위장 속에 부풀어오르는 오만은 가장 견디기 어려운 것이기 때문이다.

28. '어디에서 당신은 신들을 본 적이 있는가! 당신이 이렇게 그들을 숭배할 만큼 어떻게 당신은 신들의 존재를 확신할 수 있는

가?' 라고 끈덕지게 따지는 사람들에게 나의 대답은 이렇다. '첫째로 그들은 똑똑히 눈에 보일 수 있다. 둘째로 나는 결코 내 자신의 영혼을 본 적이 없지만 나는 영혼을 존중한다. 신들도 똑같다. 그들의 능력을 입증하는 것은 날마다 겪는 경험이다. 그러므로 나는 그들이 존재한다는 것을 만족하고 나는 그들에게 경의를 표한다.'

29. 건전하고 안전한 생활을 위해 사물을 통찰하는 철저한 통찰력을 연마하고 사물의 본질, 재료, 근거를 알아라. 마음 전부를 쏟아 정의를 행하고, 진실을 말하라. 그밖에는 벌어진 틈이 보이지 않도록 선행에 선행을 쌓아 올려서 삶을 즐기는 것을 알도록 하라.

30. 햇빛이 벽, 산, 그리고 다른 많은 것들로 막히더라도 햇빛은 결국 한 줄기로 뻗어간다. 물질이 제각기 자기 자신의 특별한 자질을 지닌 다른 여러 가지의 많은 생명체들 사이에 각각 구분되더라도 물질은 결국 하나다. 영혼이 헤아릴 수 없는 다른 부분들에서 온갖 종류의 헤아릴 수 없이 많은 본성들 사이에 각각 분류되더라도, 영혼은 결국 하나이다. 분명히 나눌 수 있더라도 타고난 특별한 사고의 특성을 가진 영혼조차도 마찬가지로 결국 하나이다. 왜냐하면 그 모든 생물체의 다른 부분들이 ― 예를 들면 그들의 호흡 ― 지각이 없는 서로 동족 관계를 가지지 않고 중력의 압력을 통합

하는 것으로 한데 모여질 뿐인 물질적인 생물체이기 때문이다. 그러나 바로 사고력의 본성으로 사고력 자신과 같은 종류의 어떤 것으로나 향하는 성향이 있고 그것과 혼합되는 성향이 있다. 그러므로 통합하려는 본능은 좌절되지 않는다.

31. 왜 당신은 장수를 갈망하는가? 그것은 감각과 욕망을, 또는 성장의 증가나 중지를 체험하려는 것인가? 그것은 말하는 능력이나 사고 능력을 사용하려는 것인가? 이런 것들 중 어떤 것이 몹시 탐낼 만한 가치가 있는 것으로 생각되는가? 그런데 당신이 그것들을 고려할 가치가 없는 것으로 생각한다면 모든 것의 최종 목표로 밀어붙여라 — 그것은 이성과 신을 따르는 것이다. 그러나 이것을 소중히 여기는 것은 죽음이 당신에게서 다른 것들을 빼앗아 갈 것이라는 노한 감정이 맞지 않는다는 것을 당신은 기억해야 한다.

32. 측정할 수 없는 무한한 시간 중 얼마나 적은 시간이 우리들 각 사람에게 할당되었는가? 한 찰나이다. 그런데 그것은 영원 속으로 자취를 감춘다. 전세계의 물질 중 당신이라는 부분은 얼마나 보잘 것 없는 것인가? 전세계의 영혼 중 당신의 몫은 얼마나 하찮은 것인가? 당신은 전 지구의 작은 반점을 어느새 지나가는가? 당신은 이런 것들을 곰곰이 생각하면서 당신 자신의 본성이 명령하

는 대로 행하고 세계의 본성이 당신에게 가져다 주는 것을 참는다는 것외에 아무것도 중요하지 않다는 것을 결심하라.

33. 나의 영혼의 키잡이는 어떻게 그의 직무를 열심히 하고 있는가? 그 직무 안에는 모든 것이 있기 때문이다. 나의 통제 안이든 밖이든 다른 모든 것은 죽은 사람의 뼈와 증기이다.

34. 아무것도, 쾌락이 선이고 고통은 악이라고 생각했던 사람들조차도, 죽음을 경멸할 수 있었던 사상보다 죽음에 대한 경멸을 고무하지 않을 것이다.

35. 사람이 정해진 시간이 그에게 가져다주는 시간에서 그의 유일한 선을 찾을 때, 그가 그의 행동이 많고 적음을 상관하지 않을 때, 그것들은 진실한 이성과 일치한다. 이 세상에서 그의 일들이 길든 짧든 그에게 아무래도 상관이 없을 때 죽음 자체는 그에게 무서운 일이 될 수 없다.

36. 오 사람이여, 이 위대한 세계라는 도시의 시민권은 당신의 것이다. 당신이 이 도시에서 시민이었던 기간이 5년이건 100년이건, 그것이 당신에게 무슨 상관인가? 이 도시의 법률이 명하는 것

이 무엇이든 모두에게 똑같이 공평하다. 그런데 어떤 점에 당신의 불만이 있는가? 당신은 어떤 부당한 판결이나 폭군에 의해 쫓겨나지 않는다. 그런데 자연이 당신을 이 도시로 데려왔다. 배우가 그를 고용한 감독에 의해 해고되는 것과 같다. '그러나 나는 5막 중 3막 정도를 공연했다.' 바로 그와 같이 당신의 삶의 연극에서 3막은 연극 전부일 수 있다. 그 연극의 완전이라는 점은 이전에 당신의 초연을 확인했던 사람이 결정한다. 그 결정의 어느 쪽도 당신 자신 안에 있지 않는다. 그러므로 당신에게 가라고 명령한 사람의 웃음을 받으며 웃는 얼굴로 당신의 길을 나아가라.

| 생애 |

마르쿠스 아우렐리우스가 한평생 지낸 일

121년 : 4월 26일 로마에서 태어났다. 아버지는 안니우스 베루스(Annius Verus)였고, 어머니는 도미티아 루킬라(Domitia Lucilla)였다. 태어났을 때 이름은 마르쿠스 안니우스 베루스(Marcus Annius Verus)였다. 아버지는 스페인 출신의 귀족이었고, 시칠리아 총독을 지냈으며 사망할 당시에는 집정관이었다. 어머니는 집정관 카틸리우스 세베루스의 딸이었다.

127년 : 하드리아누스 황제의 특별한 배려로 8세에 기사단에 입단했다. 그 당시에는 17세가 되어야 기사단 입단을 허용했다고 한다.

130년 : 아버지가 사망했다. 아버지와 이름이 같은 할아버지의 양자가 되었다. 할아버지는 마르쿠스를 많은 우수한 가정교사가 교육하게 했다. 이때에 그는 스토아철학을 공부하게 됐다.

139년 : 138년 7월 9일, 치세 22년 만에 63세로 하드리아누스 황제의 죽음으로 황제가 된 아우렐리우스 안토니누스가 마르쿠스를 양자로 들이고 이름은 마르쿠스 아우렐리우스 안토니누스(Marcus Aurelius Antoninus)로 바꾸고 자신의 딸 파우스티나(Faustina)와 약혼시키고, 자신의 후계자로 정했다. 아우렐리우스 안토니누스는 마르쿠스의 고모 파우스티나(Faustina)와 결혼한 고모부였는데 그에게는 아들이 없었다.

140년 : 재무관에 임명되었다.

141년 : 집정관에 임명되었다.

145년 : 파우스티나와 결혼했다.

146년 : 장녀 안니아 카텔리아 아우렐리아 파우스티나가 태어났다. 이때부터 호민관, 지방 총독이 되어 황제의 동료로서 실제 정치에 참여했다.

161년 : 3월 7일 아우렐리우스 안토니누스가 사망했다. 아우렐리우스 안토니누스 황제의 또 하나의 양자이자 마르쿠스의 의동생인 루키우스 베루스(Lucius Verus)와 함께 공동 황제가 되었다.

162년 : 게르마니아 콰리족, 브리타니아 카레토니아족을 정벌했다. 동방의 스키타이족이 로마의 지배를 받는 시리아를 무너뜨리고 카드파드키아와 아르메니아가 위협을 받았다. 공동 황제인 루키우스 베루스가 동방으로 원정하여 166년까지 싸웠다.

165년 : 바빌로니아의 세리우게이아와 서북쪽 크레시폰을 정벌했다.

166년 : 루키우스 베루스 황제의 군대가 동방 원정에서 돌아왔는데 흑사병을 가지고 들어와 국민의 절반이 전염되고 많은 사람이 죽었다. 북방의 마르코만니족이 북부 이탈이아 베로나까지 침범해 왔다.
168년 : 마르코만니족이 점령해 있던 북부 이탈리아를 탈환했다.
169년 : 공동 황제 루키우스 베루스가 사망했고, 게르마니아의 재침공으로 마르쿠스는 다뉴브강 지역으로 원정했다. 이때 야영중에 그의 명상록(Meditations) 12편을 썼다.
174년 : 시실리의 총독 아비디우스 카시우스가 마르쿠스가 진중에서 사망했다고 소문을 퍼뜨리고 자신이 황제라고 선포하고 반란을 일으켰다.
176년 : 카시우스의 반란을 진압하기 위해 아시아로 갔다. 이때 그를 따라온 아내 파우스티나가 소아시아에서 사망했다. 카시우스는 그의 부하인 두 장교에게 살해당했다.
180년 : 북방에서 로마로 돌아오는 도중에 흑사병에 걸려서 진중에서 3월 17일에 지금의 빈에서 59세에 사망했다.